# 古典文獻研究輯刊

## 三四編

潘美月・杜潔祥 主編

# 第 **5** 冊

## 阮元《周易注疏校勘記》成書新探

樊　寧　著

國家圖書館出版品預行編目資料

阮元《周易注疏校勘記》成書新探／樊寧 著 -- 初版 -- 新北
市：花木蘭文化事業有限公司，2022〔民 111〕
目 2+162 面；19×26 公分
（古典文獻研究輯刊 三四編；第 5 冊）
ISBN 978-986-518-860-3（精裝）
1.CST：易經 2.CST：校勘
011.08                                110022681

ISBN-978-986-518-860-3

9 789865 188603

古典文獻研究輯刊
三四編　第五冊　　　　　　　　ISBN：978-986-518-860-3

# 阮元《周易注疏校勘記》成書新探

作　者　樊　寧
主　編　潘美月、杜潔祥
總 編 輯　杜潔祥
副總編輯　楊嘉樂
編輯主任　許郁翎
編　輯　張雅淋、潘玟靜、劉子瑄　美術編輯　陳逸婷
出　版　花木蘭文化事業有限公司
發 行 人　高小娟
聯絡地址　235 新北市中和區中安街七二號十三樓
　　　　　電話：02-2923-1455／傳真：02-2923-1452
網　址　http://www.huamulan.tw 信箱 service@huamulans.com
印　刷　普羅文化出版廣告事業
初　版　2022 年 3 月
定　價　三四編 51 冊（精裝）台幣 130,000 元　　　版權所有・請勿翻印

# 阮元《周易注疏校勘記》成書新探

樊寧 著

## 作者簡介

樊寧，男，1992 年生，河南新鄉人，碩士、博士分別畢業於南開大學歷史學院、武漢大學文學院，先後獲歷史學碩士、文學博士學位，現為華中師範大學歷史文化學院歷史文獻學研究所講師，主要研究方向為版本目錄學與清代經學史，主持省部級科研項目 1 項，在《文獻》《文史》《周易研究》《經學文獻研究集刊》《北京大學中國古文獻研究中心集刊》等專業刊物發表論文二十多篇，曾獲教育部全國高校古委會中國古文獻學獎學金一等獎、教育部博士生國家獎學金等稱號。

## 提　　要

　　本書以阮元《周易注疏校勘記》為中心，以新見盧文弨《周易注疏》校本為依據，通過文本比勘的方法，試圖深入探究《周易注疏校勘記》的成書過程。具體分為兩個方面：承襲方面，《周易注疏校勘記》不僅從盧氏校本中轉引大量版本異文，如錢求赤鈔本、武英殿本、《七經孟子考文補遺》的宋本、古本、足利本等，還轉引諸多前人校勘著作，如浦鏜《十三經注疏正字》、李鼎祚《周易集解》等，尤其是盧氏校本引據材料本身有誤，《周易注疏校勘記》未翻檢原書，徑直承襲盧氏錯誤，此類例子是探討二書關係最有力的證據，足見《周易注疏校勘記》存在大量承襲盧氏校本的痕跡。推進方面，《周易注疏校勘記》新增 6 種版本異文、增加參考著作的數量、使用葉鈔本《周易釋文》校勘文字、對部分條目按斷考辨。據此可對《周易注疏校勘記》的成書過程有更為全面的認識：一方面，盧氏校本不僅在校勘步驟、校勘方法上給予《周易注疏校勘記》諸多參考便利，還提供了基本的工作思路；另一方面，《周易注疏校勘記》並不是完全承襲，而是在盧氏校本的基礎上，增補大量校記，其中有不少獨到的見解，大大推進了《周易》的校勘工作。綜上，每一部書絕非憑空出現，都是在借鑒、吸收、批判前人成果的基礎上，推陳出新，取得更多創獲，以此形成一條縱向脈絡，推動學術不斷向前發展。因此，除了本體研究外，我們更應該從學術史的角度入手，進行比較研究，釐清《十三經注疏校勘記》與前、後著作之間的關係，對前代成果有何承襲與推進，對後代著述又有何影響，只有這樣才能更清楚更準確地認識到《十三經注疏校勘記》的學術地位與價值，給予一個合理的評價，這對於清代經學與學術史而言，有著相當重要的意義。

2020 年度全國高校古籍整理研究
工作委員會項目「盧文弨《周易注疏》
批校本整理與研究」（2030）

# 緒　論

## 一、本課題的研究對象、價值與意義

經學是中國古典學術的核心，經學文獻是其知識載體與表現形式，主要包括儒家「十三經」原典及其歷代的注釋、疏義、校勘、考據等相關著作。早在先秦、秦漢時期「十三經」原典俱已成書，並形成比較穩定的文本，而後漢、魏、晉、唐學者相繼為之作注，南北朝時出現諸經義疏，到唐、宋時又有官定義疏本。至此，經學文獻的主體「十三經注疏」基本形成。宋元以降，隨著經濟文化的發展、科舉制度的推廣、雕版印刷術的普及，儒家經典的傳播日趨「由官方走向民間，由單一走向多元，由高雅走向通俗」〔註1〕，衍生出經注、單疏、注疏合刻、纂圖互注等多種類型的文本成果。尤其是官方、私家、坊間多次彙刻《十三經注疏》，後世遞相傳刻，影響深遠。至清嘉慶年間，阮元組織學者校刊《十三經注疏》，彙集眾本，精審嚴校，堪稱群經校勘集大成之作，享譽學界兩百餘年，嘉惠學子，不計其數，讚美之聲，不絕如縷，至今依然。如李學勤先生在《十三經注疏》整理本《序》中指出：「清代刊行的《十三經注疏》有乾隆四年（1739）武英殿刻附《考證》本，曾有覆刻，但廣泛流行、共稱善本的，是嘉慶二十一年（1816）由阮元主持的南昌學堂重刊宋本《十三經注疏》，通稱阮本。」〔註2〕日本學者關口順亦云：「就現在的文

---

〔註 1〕顧永新《經學文獻的衍生和通俗化——以近古時代的傳刻為中心》（上冊），
　　　　北京大學出版社，2014 年，第 1 頁。
〔註 2〕李學勤主編《十三經注疏·序》（整理本），北京大學出版社，2000 年，第 2
　　　　頁。

獻情況而言，影印本最多、最易獲取的《十三經注疏》是由阮元主持的重刊宋本《十三經注疏》。」〔註3〕

阮元刻本《十三經注疏》之所以能取得如此高的成就，很大程度上在於其高水平的校勘。縱觀當時及後世學者對此書的評價，無一不稱讚《十三經注疏校勘記》。如焦循曾云：「校以眾本，審訂獨精，於說經者，饋以法程。」〔註4〕沈豫則謂：「粵自蟲鳥肇興，圖史發跡，木觚竹簡，大策小方，綴前聖之微言，記歷朝之掌故，於板本有厚賴焉。惟亥豕有三寫之訛，魯魚啓中秘之惑。李唐以上，帛石同珍，趙宋以還，始付梨棗。是編絲落，起於宋代，歷元明善刻，海外鴻編，叢集案頭，搜剔毫髮。或一字之訛，或數語之錯，或點畫之稍殊，或偏旁之偶異，或援古以證今，或別行而辨歧。三占從二，得所折衷。還胚胎之舊觀，足垂示於來哲。斯亦四庫之離婁，群儒所俯首也已！」〔註5〕皮錫瑞贊曰：「阮元《十三經注疏校勘記》為經學之淵海。」〔註6〕俞樾亦云：「有阮文達之為《十三經注疏校勘記》，羅列諸家異同，使人讀一本如讀諸本。」〔註7〕張之洞頌道：「阮本最於學者有益，凡有關校勘處，旁有一圈，依圈檢之，精妙全在於此。」〔註8〕臺灣屈萬里先生盛譽曰：「近世校勘最精而流佈最廣者，莫如阮芸臺刻本。」〔註9〕日本學者加藤虎之亮推崇云：「清儒校勘之書頗多，然其惠後學，無若阮元《十三經注疏校勘記》。凡志儒學者，無不藏《十三經》，讀注疏者，必看《校勘記》，是學者不可一日無之書也。」〔註10〕由此可見，《十三經注疏校勘記》受到了眾多學者的極大關注

---

〔註3〕 （日）關口順《〈十三經注疏校勘記〉略說》，劉玉才主編《經典與校勘論叢》，北京大學出版社，2015年，第216頁。

〔註4〕 （清）焦循《讀書三十二贊》，《雕菰集》卷6，《叢書集成初編》第2191～2196冊，中華書局，1985年，第87頁。

〔註5〕 （清）沈豫撰，趙燦鵬校注《皇清經解提要》，華夏出版社，2014年，第81～82頁。

〔註6〕 （清）皮錫瑞撰，周予同注釋《經學歷史》，中華書局，2004年，第241頁。

〔註7〕 （清）俞樾《十三經注疏序》，清光緒年間上海點石齋重校縮印阮刻本《十三經注疏》。

〔註8〕 （清）張之洞著，范希曾補正《書目答問補正》，上海古籍出版社，1983年，第1頁。

〔註9〕 屈萬里《〈十三經注疏〉版刻述略》，《書傭論學集》，臺北開明書店，1980年，第299頁。

〔註10〕 石立善主編《日本〈十三經注疏〉文獻集成·加藤虎之亮〈周禮經注疏音義校勘記〉》，中西書局，2016年，第16頁。

與肯定，其價值已超過阮刻本《十三經注疏》本身，甚至可以認為正是由於《十三經注疏校勘記》所取得的輝煌成就才造就阮刻本《十三經注疏》的廣泛好評。時至今日，我們在閱讀或使用阮刻本《十三經注疏》時，卷末所附《校勘記》依舊是不可或缺的重要參考。

具體來看，《十三經注疏校勘記》是清代一次大規模地對經書文本進行全面校勘整理的成果。與之前同類著作相比，有其鮮明特點，主要體現有：從校勘範圍來看，不同以往僅限於一經或數經，而是對整個《十三經注疏》進行整理；從參與人員來看，不同以往個體校經，而是合眾人之力，分工明確，集思廣益；從所用版本來看，不同以往僅參用兩三種版本，而是彙集當時可見的數十種版本，其中不乏稀見珍本；從參引前人成果來看，既有宋明之人，如賈昌朝、朱熹、呂祖謙、毛居正、魏了翁、王應麟、李如圭、敖繼公、傅遜、陸粲等，又有清代學者，如顧炎武、陳啟源、浦鏜、臧琳、惠棟、盧文弨、錢大昕、陳樹華、段玉裁、王念孫、王引之等，其中有漢學家，有宋學家，有吳派，有皖派，還有揚州學派，可謂彙集眾家，博採眾長。據此，《十三經注疏校勘記》堪稱清代最具代表性的學術成果之一。

進一步而言，《十三經注疏校勘記》有著極為重要的學術地位和多方面的研究價值。

首先，從中國校勘學史上看，《十三經注疏校勘記》堪稱歷代經書校勘集大成之作。宋之前處於寫本時代，經書的傳播與複製主要依賴個體的書寫傳鈔，以此形成的文本是相對開放的，因而不同時期、不同地域之間的文本形態多有不同，難免會出現混亂失次、魯魚亥豕、矛盾錯訛等情況。為此歷朝官方採取刊立石經的方式，校訂經書文本，確立權威定本，以起到正定學術之功效，如東漢熹平石經、魏正始石經、唐開成石經等。進入刻本時代，經書內容雖趨向一致，然刊刻繁雜，類型多樣，文本歧異仍未消弭。尤其是南宋時期將經、注、疏、釋文匯刻於一，經書面貌出現較大變化，如為使文本統一而對經、注、疏文字遷就改易，為方便閱讀而對原本章節重新分合，所摘錄的《經典釋文》隨意刪減、長短無定等等。元明兩朝又數次翻刻《十三經注疏》，產生了元刻十行本、永樂本、元刻明修本、嘉靖南監本、萬曆北監本、毛氏汲古閣本等多種版本，這些版本不僅多有補修，字跡漫漶，且每翻刻一次，文本訛誤更甚。至清乾嘉時期，「考據之學興起，校訂經書文字漸成風尚，湧現出眾多大家，惠棟、浦鏜、盧文弨諸儒可謂開風氣之先，錢大昕、段玉

裁、王念孫等踵行其後」〔註11〕，而後阮元主持修纂《十三經注疏校勘記》，廣泛吸收前人的校勘與考據著述，可謂集歷代之大成，集中體現了有清一代校勘學發展的理論與實踐成果。歸納總結其中的校勘原則、方法、理念與功過得失，不但有助於我們更加深入認識《十三經注疏校勘記》，而且對於今日的經書整理與研究工作有著十分重要的指導與借鑒作用。

其次，從清代考據學史上看，《十三經注疏校勘記》更是一部重要的考據學著作。清朝考據學大盛，尤其是以文字、音韻、訓詁為主的小學得到前所未有的發展，取得不少超越前代的成就，如《說文解字》的整理與研究、古音韻部的精密系統化、陰陽入三聲相配與對轉理論的創立、因聲求義方法的發明等等。清儒將這些創獲用以研治群經，以小學治經學，在研究方法與治學實踐上推動了多方面的突破。東吳惠棟首舉漢學大旗，開拓出一條由字詞音義以解經義的路徑。戴震自言治學當由聲音文字以求訓詁，由訓詁以尋義理。段玉裁與王念孫父子綜合運用訓詁、校勘、音韻等方法，對經書進行疏通考釋，發前人所未發，將乾嘉樸學推至頂峰。而《十三經注疏校勘記》作為晚出之書，勢必會受到考據學風潮的影響。縱觀《十三經注疏校勘記》中的按斷語，不僅大量引述前人考據學著作，還熟練使用多種考據方法進行辨析，如採用段玉裁的古韻十七部分法判定異文，注意區分古今字、正俗字與通假字之不同，從句式或文法的角度綜合考辨等等。由上，通過相關具體分析，我們既能體會到清儒治學實事求是的嚴謹態度，又能明晰《十三經注疏校勘記》在清代考據學史上的重要地位。

最後，從清代學術史上看，《十三經注疏校勘記》亦佔有一席之地。袁媛曾探究《春秋左傳注疏校勘記》的成書過程，得出此書「在很大程度上依託清人陳樹華《春秋經傳集解考正》而來」〔註12〕，二書有明顯的承襲關係。筆者亦發現《周易注疏校勘記》存在大量因襲盧文弨《周易注疏》校本的痕跡。可見《十三經注疏校勘記》並非憑空出現，而是在借鑒、吸收前人成果的基礎上，獲得更多創獲，終成不朽之作。而就整個清代學術史而言，此僅是《十三經注疏校勘記》複雜學術背景中的一部分，還有更多問題尚待發掘。

---

〔註11〕劉玉才主編《經典與校勘論叢‧前言》，北京大學出版社，2015年，第1頁。
〔註12〕袁媛《阮元〈春秋左傳注疏校勘記〉成書管窺——從陳樹華〈春秋經傳集解考正〉到阮書》，劉玉才主編《經典與校勘論叢》，北京大學出版社，2015年，第353頁。

如以《春秋左傳注疏》為例，從歷時的角度來看，清初顧炎武《左傳杜解補正》採用考據的方法研究《左傳》，補正杜注之闕失，此為清代《左傳》學之發端。而後惠棟撰《春秋左傳補注》一書，集中體現了「尚家法而信古訓」的漢學思想，開啟了考據學徵實求是的學術風氣，可謂發皇之作。〔註13〕再到陳樹華《春秋經傳集解考正》、阮元《春秋左傳注疏校勘記》、洪亮吉《春秋左傳詁》等著作，每一部書都是在前人成果的基礎上有所推進，形成一條縱向脈絡。據此考述《春秋左傳注疏校勘記》與前代成果的關係，有何承襲與進步，對後代著述又有何影響，才能明晰《春秋左傳注疏校勘記》承前啟後的學術地位與意義。從共時的角度而言，《春秋左傳注疏校勘記》的修纂者面對眾多前人成果，採用了哪些人的意見，取捨緣由是什麼，反映出什麼樣的學術思想。只有弄清這些問題，才能更清楚更準確地認識到《十三經注疏校勘記》的真正價值，還其一個合理的學術定位與評價，這對於清代經學與學術史而言，有著十分重要的意義。

綜上，鑒於阮元《十三經注疏校勘記》如此重要的學術地位和意義，故筆者試圖在前人研究的基礎上，對此書進一步探討，以期能推進相關研究進展。

## 二、本課題的研究現狀

隨著經學研究地不斷深入，尤其是近年來，為適應各方面之需，多項經部文獻的整理工作陸續展開，如北京大學點校本《十三經注疏》、北京大學編纂《儒藏精華編》、山東大學整理《十三經注疏匯校》等等。與此同時，全面總結檢討前輩學者經書校勘的得失，亦是整理工作中不可缺少的重要環節。因此，阮元《十三經注疏校勘記》潛在的學術價值逐漸被學界所認識，受到廣泛關注，相關論著數量極多，不斷問世。經筆者統計歸納，這些研究成果大致可分為兩個層次，側重點有所不同，具體如下所述。

### （一）《十三經注疏校勘記》的整體研究

此方面研究是從十三部《校勘記》整體出發，多側重外緣問題，主要包括編撰緣起、修纂過程（參與人員、校勘流程、引發爭議、和段玉裁、阮元的關係）、所據版本、兩個不同刻本系統異同等問題。以下擇取代表性的論著作

---

〔註13〕金永健《清代左傳考證研究》，社會科學出版社，2013年，第11頁。

簡單提要，以釐清研究的進展與現狀。（其全部成果，詳見本書附錄一「阮元
《十三經注疏校勘記》研究論著目錄簡編」）

## 1. 編撰緣起

關於此問題，清人蕭穆最早提出「源自盧氏說」，其《敬孚類稿》卷八
《記方植之先生臨盧抱經手校〈十三經注疏〉》云「抱經先生手校《十三經注
疏》本，後入山東衍聖公府，又轉入揚州阮氏文選樓，阮太傅作《十三經注疏
校勘記》，實以此為藍本」，又云「道光四年（1824），吾鄉方植之先生客於廣
東督署，曾以阮刻《十三經注疏校勘記》借抱經先生原本詳校一過。上下四
旁，朱墨交錯。惜彼時行笥無注疏，全部傳錄句讀耳」。〔註14〕此說可謂影響
深遠，給予後人很大啟發。汪紹楹《重刻宋本〈十三經注疏〉考》是近代最早
研究阮刻《十三經注疏》的專題論文，文中承襲蕭穆此說云：「清阮元重刊宋
本《十三經注疏》，雖云肇工於嘉慶二十年乙亥（1815），刊成於二十一年丙
子（1816），實乃淵源於盧抱經文弨。文弨雖未創議重刊，而風氣之開，固自
伊始。……阮氏之立『詁經精舍』，輯《十三經注疏校勘記》，得謂非文弨啟之
哉。」〔註15〕臺灣學者黃慶雄在《阮元輯書刻書考》一書中用大量篇幅論述
了盧文弨對阮元刊校《十三經注疏》所起的推動作用，其中說到「雖然盧文
弨未曾提出總校《十三經注疏》之計劃，但從上述之事實來看，其企圖是顯
而易見的。盧氏所欠缺的，不過是足夠之人力與財力。稍後的阮元，獲得此
豐沛的校勘成果，以其優越之條件，《十三經注疏校勘記》自然水到渠成。從
《十三經注疏校勘記》內容來看，除《穀梁傳》和《孟子》外，其他十一經均
採用盧文弨的校勘成果，較前述之著述為多，可知阮元確實採用了盧氏手校
本」。〔註16〕黃氏無疑是受到汪氏觀點的啟發，但比汪氏所論更加詳細，更為
充分。李慧玲《試論阮元〈十三經注疏校勘記〉得以問世的客觀條件》進一步
認為：「盧文弨對阮元《十三經注疏校勘記》的影響是巨大的、多方面的，不
是僅僅徵引其若干條校勘記而已。盧文弨在《十三經注疏》的校勘理論上、
校勘體例上、校勘成果上都對阮校產生了影響，這種影響是『引用諸家』中
的任何一家所無法比擬的。換句話說，盧文弨是一位先行者，他為阮元的《十

---

〔註14〕（清）蕭穆《敬孚類稿》，《續修四庫全書》第 1561 冊，上海古籍出版社，2002
年，第 46 頁。
〔註15〕汪紹楹《阮氏重刻宋本〈十三經注疏〉考》，《文史》1963 年第 3 輯，第 25 頁。
〔註16〕黃慶雄《阮元輯書刻書考》，臺北花木蘭文化出版社，2007 年，第 71 頁。

三經注疏校勘記》從校勘理論上、校勘實踐上都作好了充分的準備，給阮元留下了豐厚遺產。」〔註17〕其他文章也或多或少談到此問題，多因襲此說。然隨著討論逐步深入，有學者提出異議與新見，詳見後文。

## 2. 修纂過程

學界對於此問題的探討，主要集中在四個方面，即參與人員、編纂流程、引發爭議、與段玉裁、阮元的關係。

關於參與人員、編纂流程，研究者所依據的直接材料主要有阮元《十三經注疏並釋文校勘記序》、《宋本十三經注疏並釋文校勘記凡例》、各經《校勘記序》、《恭進十三經注疏校勘記摺子》等，還包括一些清人文集，如阮元《揅經室集》、張鑒《雷塘庵主弟子記》、陳康祺《郎潛紀聞》、錢泰吉《曝書雜記》、段玉裁《經韻樓集》、臧庸《拜經堂文集》等。各經《校勘記序》分別說明各經分校者，元和生員李銳負責《周易》、《穀梁》、《孟子》，德清貢生徐養源負責《尚書》、《儀禮》，元和生員顧廣圻負責《詩經》，武進監生臧庸負責《周禮》、《公羊》、《爾雅》，臨海生員洪震煊負責《禮記》，錢塘監生嚴傑負責《左傳》、《孝經》，仁和生員孫同元負責《論語》。阮元《宋本十三經注疏並釋文校勘記凡例》云：「諸經皆舊有校本，復就江浙經生，授經分校，復加親勘，定其是非，以成是記。」〔註18〕由此可得，《十三經注疏校勘記》的編纂流程只有兩道工序：各經分校者先進行初校，詳列異同，最後由阮元審定終稿，判定是非。其他學者多承襲此觀點，如陳居淵《阮元評傳》「如顧廣圻負責校勘的《毛詩》，最後在顧廣圻校勘的基礎上，阮元又考證異同，鑒別正偽，親自審定。其他各經的校勘，大致一如顧廣圻所校《毛詩》。」〔註19〕

此外，參與修纂《十三經注疏校勘記》的學者不止這些人，還包括段玉裁。劉盼遂《段玉裁先生年譜》據段玉裁題跋、書信得出：「《跋黃蕘圃〈蜀石經·毛詩〉殘本》末云『余為阮梁伯定《十三經注疏校勘記》』，是阮氏《十三經注疏校勘記》或出先生（段玉裁）手定。」又「《與孫淵如書》曰『昔年愚為阮梁伯修《十三經注疏校勘記》』。本年夏，先生（段玉裁）與王石臞書有云『惟恨前此三年為人作嫁衣裳而不自作，致此時拙著不能成矣』。」又「《與

〔註17〕李慧玲《試論阮元〈十三經注疏校勘記〉得以問世的客觀條件》，《東南學術》2013 年第 1 期，第 211 頁。

〔註18〕（清）阮元《宋本十三經注疏並經典釋文校勘記凡例》，《續修四庫全書》第180 冊影印清嘉慶十三年文選樓刻本，上海古籍出版社，2002 年，第 288 頁。

〔註19〕陳居淵《阮元評傳》，南京大學出版社，2006 年，第 444 頁。

劉端臨書》曰『故雖阮公盛意而辭不敷文，初心欲看完注疏《考證》，自顧精力萬萬不能，近日亦薦顧千里、徐心田兩君而辭之』。綜上，則《十三經注疏校勘記》之出自先生（段玉裁），殆可為定論歟。」〔註20〕汪紹楹亦認同「段玉裁是主其事者」。〔註21〕

　　有關校勘引發的爭議，主要是段、顧之爭，爭論的焦點是注疏合刻始於何時，顧廣圻主張始於宋南渡之後，段玉裁認為始於北宋太宗淳化年間。其後爭議逐漸演變成意氣之爭，兩人各執己見，勢如水火，嚴重影響了《十三經注疏校勘記》的編纂工作，以致最後顧廣圻出走。爭議的經過與結果，前人論述甚詳，可參考汪紹楹《阮氏重刻宋本〈十三經注疏〉考》第三節「輯《十三經注疏校勘記》時之爭議」〔註22〕、陳鴻森《〈段玉裁年譜〉訂補》〔註23〕、袁媛《也談「段顧之爭」——時代風氣與個人治學的交織》〔註24〕等。

　　《十三經注疏校勘記》與段玉裁的關係，是學界極為關注的重要問題之一。其主要爭論點在於段玉裁對《十三經注疏校勘記》的影響如何，在修纂過程中發揮了怎樣的作用。目前大致可分為兩大觀點：一是認為段玉裁的參與度較高，不僅發揮領導作用，還參加了具體編撰工作，成為實際上的主事者。如劉盼遂云：「《十三經注疏校勘記》之出自先生（段玉裁），殆可為定論歟。」〔註25〕汪紹楹亦云：「阮氏建『詁經精舍』，集天下學人，輯《十三經注疏校勘記》，主其事者段茂堂。」〔註26〕二是主張段玉裁的參與度較低，擔任的僅僅是最終的鑒定或審定工作。如王欣夫云：「劉撰《年譜》於嘉慶七年引《與劉端臨第二十八書》『今年一年，《說文》僅成三頁，故雖阮公盛意，而辭不敷文。初心欲看完注疏《考證》，自顧精力萬萬不能，近日亦薦顧千里、徐心田兩君而辭之』。《考證》即《十三經注疏校勘記》。所謂『心欲看完』

〔註20〕劉盼遂《段玉裁先生年譜》，《經韻樓集》附錄，上海古籍出版社，2008年，第471～472頁。

〔註21〕汪紹楹《阮氏重刻宋本〈十三經注疏〉考》，《文史》1963年第3輯，第27頁。

〔註22〕汪紹楹《阮氏重刻宋本〈十三經注疏〉考》，《文史》1963年第3輯，第28～30頁。

〔註23〕陳鴻森《〈段玉裁年譜〉訂補》，《「中央」研究院歷史語言研究所集刊》第60本，1989年，第630～633頁。

〔註24〕袁媛《也談「段顧之爭」——時代風氣與個人治學的交織》，《文獻》2016年第3期，第145～159頁。

〔註25〕劉盼遂《段玉裁先生年譜》，《經韻樓集》附錄，上海古籍出版社，2008年，第472頁。

〔註26〕汪紹楹《阮氏重刻宋本〈十三經注疏〉考》，《文史》1963年第3輯，第27頁。

者，是鑒定之辭而非編撰之辭，安得以嚴傑所作的《春秋左氏傳校勘記》說是出於段氏之手呢？」〔註27〕日本學者關口順亦云：「汪紹楹提出段玉裁主持《十三經注疏校勘記》編纂事業之說，舉出幾個旁證，不過他所舉的旁證缺少說服力，段氏主持說不會是事實。」〔註28〕陳鴻森也認為：「段玉裁只是在《十三經注疏校勘記》初稿成後，代阮元審定。」〔註29〕然這兩種看法基本依據相關外緣史料，並未從《十三經注疏校勘記》內容本身進行深入分析。鑒於此，日本學者水上雅晴《〈十三經注疏校勘記〉的編纂以及段玉裁的參與》〔註30〕一文從《十三經注疏校勘記》內容入手，通過對帶有圈識校記的考察，提出「圈識前後的校語之性質並不一樣」，「兩種校語並不是同時而寫的」，「舊校（圈識前的校語）的作者與新校（圈識後的校語）的作者並不是同一人」，「《十三經注疏校勘記》的文章有雙層結構」，隨後又經詳細考證，得出「新校撰寫者是段玉裁」的結論。唐光榮《〈十三經注疏校勘記〉圈後按語作者問題考論》〔註31〕一文通過考察，認為「段玉裁、阮元皆不是圈後按語的唯一作者，圈後按語系由多名學者完成」。由此可見，該問題遠比想像中的複雜，仍可繼續探討。

此外，陳東輝《阮元與段玉裁之恩怨探析》一文通過爬梳史料，詳細分析阮元與段玉裁交往的全過程，得出「他們之間的恩是主要的，怨是次要和局部的。阮元對段玉裁這位長輩是很尊敬和信任的，對他的學問給予高度的評價。段玉裁的角度而言，他與阮元的關係總體上還是不錯的，他對阮元的最大不滿在於段氏認為自己在參加《十三經注疏校勘記》的編寫工作時，扮演了為人作嫁衣的角色。我們應該充分肯定段玉裁在編寫《十三經注疏校勘記》時實際擔任總纂的重要功績，但也不能因而否認阮元在其中所起的重要作用，更不能像個別人那樣想當然地認為阮元乃封疆大吏，他的學術成果大

〔註27〕王欣夫《〈十三經注疏校勘記〉的協作和總成》，《王欣夫說文獻學》，上海古籍出版社，2000年，第294頁。

〔註28〕（日）關口順《〈十三經注疏校勘記〉略說》，劉玉才主編《經典與校勘論叢》，北京大學出版社，2015年，第226頁。

〔註29〕陳鴻森《〈段玉裁年譜〉訂補》，《「中央」研究院歷史語言研究所集刊》第60本，1989年，第630～633頁。

〔註30〕（日）水上雅晴《〈十三經注疏校勘記〉的編纂以及段玉裁的參與》，《中國經學》2010年第6輯，第143～162頁。

〔註31〕唐光榮《〈十三經注疏校勘記〉圈後按語作者問題考論》，西南大學碩士學位論文，2001年，第1頁。

多是憑藉他人之力完成的」。〔註 32〕

### 3. 所據版本

　　阮元《十三經注疏校勘記》使用的版本眾多，其中最大的問題是阮元所謂的底本「宋十行本」究竟是不是真的南宋十行本？最早提出質疑的是顧廣圻，其《撫本禮記鄭注考異序》附記云「南雍本世稱十行本，蓋原出宋季建附音本，而元明間所刻，正德以後遞有修補，小異大同耳。李元陽本、萬曆監本、毛晉本則以十行為之祖，而又轉相承」。〔註 33〕可見顧氏認為阮元使用的十行本為元明間所刻。而後經日本學者森立之〔註 34〕、長澤規矩也〔註 35〕、阿部隆一〔註 36〕、關口順〔註 37〕，臺灣學者屈萬里〔註 38〕；大陸學者張政烺〔註 39〕、汪紹楹、嚴紹璗〔註 40〕、李慧玲、張麗娟、王鍔〔註 41〕等人的研究，此問題大致已有定論：阮元所據的十行本實際上是元刻明修十行本，並非真正的宋十行本。〔註 42〕早期的質疑者並未見過真正的宋十行本，而後有學者

〔註 32〕陳東輝《阮元與段玉裁之恩怨探析》，《浙江大學學報（人文社會科學版）》2005 年第 3 期，第 121～129 頁。

〔註 33〕（清）顧廣圻《思適齋集》卷 7《撫本禮記鄭注考異序附記》，《續修四庫全書》第 1491 冊，上海古籍出版社，2002 年，第 61 頁。

〔註 34〕（日）森立之《經籍訪古志》，《日本藏漢籍善本書志書目集成》第 1 冊，國家圖書館出版社，2003 年，第 67～88 頁。

〔註 35〕（日）長澤規矩也撰，蕭志強譯《正德十行本注疏非宋本考》，《中國文哲研究通訊》第 10 卷第 4 期，第 41～47 頁；《十三經注疏版本略說》，第 51～57 頁；《越刊八行本注疏考》，第 35～39 頁。

〔註 36〕（日）阿部隆一《日本國見在宋元版本志》，《斯道文庫論集》第 18 輯，1982 年，第 349 頁。

〔註 37〕（日）關口順《〈十三經注疏校勘記〉略說》，劉玉才主編《經典與校勘論叢》，北京大學出版社，2015 年，第 241 頁。

〔註 38〕屈萬里《〈十三經注疏〉刻板述略》，《書傭論學集》，臺北開明書店，1980 年，第 216～236 頁。

〔註 39〕張政烺《張政烺文史論集‧讀〈相臺書塾刊九經三傳沿革例〉》，中華書局，2004 年，第 166～188 頁。

〔註 40〕嚴紹璗《漢籍在日本的流佈研究》，江蘇古籍出版社，1992 年，第 261～262 頁。

〔註 41〕王鍔《阮刻本〈禮記注疏校勘記〉質疑——以〈禮運〉篇為例》，《杭州師範大學學報（社會科學版）》2016 年第 1 期，第 123～129 頁。

〔註 42〕然亦有不同意見，如李致忠《〈十三經注疏〉版刻略考》認為：「阮元生活的時代，尚在中國流傳的宋刻十行注疏本群經，決不止日本足利學校所藏的《附釋音毛詩正義》和《附釋音春秋左傳注疏》，《附釋音春秋左傳注疏》宋劉叔剛所刻原本，至今仍珍藏在中國國家圖書館，自不待說，他如《毛詩注疏》、

直接將傳世的宋十行本與阮刻本進行比對，指出宋刻十行本與阮刻本的區別，故所得結論更為可信。如李慧玲將傳世宋十行本《附釋音毛詩注疏》（今藏日本足利學校）與阮刻本進行比勘後，提出「阮刻《毛詩注疏》是於經學大有功勞之本但並非善本」的觀點。〔註43〕張麗娟將真正的宋十行本《附釋音毛詩注疏》、《附釋音春秋左傳注疏》和《監本附音春秋穀梁注疏》（前兩種藏日本足利學校，後一種藏中國國家圖書館）與元刻明修十行本進行版刻、文字方面的對比研究，得出「宋刻十行本與元刻十行本確為兩個不同時期的刻本，兩者不可混為一談」，「宋刻十行本為元刻十行本的底本，同時也是明以後通行的《十三經注疏》版本，包括明嘉靖李元陽刻本、明萬曆北京國子監刻本、明末毛氏汲古閣刻本、清乾隆武英殿刻本、乃至今日仍最為通用的阮刻本的最初源頭」。〔註44〕

　　此外，《十三經注疏校勘記》因何不參考清武英殿刻本《十三經注疏》，邱亮、唐生周認為主要原因有：「一是政治上的規避，殿本的產生來自於乾隆的授意，是官方意志的體現，而阮刻本作為私家纂述，在文字桎梏的時代背景下，言辭上自然不能與之爭衡；二是學術上的分歧，乾嘉適值學術風氣轉變的關鍵時期，漢宋營壘之間勢同水火，阮氏雖口無唇舌之譏，而心存畛域之念，因此對殿本置之不論，隻字未提，也在情理之中；三是殿本在質量上確實存在諸多不足，選擇校本單一，考證條目稀少，與阮刻本之廣羅異本、詳實考訂的做法和成效有較大差距，且成書晚近，故為阮刻所不取。」〔註45〕而井超卻發現阮元校經存在暗引殿本的情況，「雖然阮元對殿本《十三經注疏》刻意迴避，但偶有涉及之處。阮元在引用時，不論殿本文字正確與否，都採取迴避的做法，不指稱所引內容為殿本，改換稱呼，對殿本文字進行暗引。這與對待殿本所附《考證》的態度完全不同。雖然殿本《十三經注疏》是官方

---

《禮記注疏》、《論語注疏解經》、《孟子注疏解經》等的宋刻原本，也都世有流傳，並且這五經至今仍分藏在中國國家圖書館和上海圖書館等。所以對阮元《重刻宋本十三經注疏》所依據的底本，既不要信其全為宋刊，也不要信其皆係元世建刻坊本，而是有宋刻原刊，亦有元刻明修之本。」《文獻》2008年第4期，第19～29頁。

〔註43〕李慧玲《阮刻〈毛詩注疏（附校勘記）〉研究》，華東師範大學博士學位論文，2008年，第24～34頁。

〔註44〕張麗娟《宋代經書注疏刊刻研究》，北京大學出版社，2013年，第385頁。

〔註45〕邱亮、唐生周《漢宋分幟與〈十三經注疏〉兩種校考記的形成——兼談阮刻本對殿本避而不談的原因》，《浙江學刊》2016年第6期，第74～81頁。

定本，有欽定的性質，但並非不可引用。阮元校經刻意迴避殿本，是避與朝廷分庭抗禮之嫌，乃政治考慮，與學術取向無關」。〔註46〕

### 4. 刻本系統

阮元《十三經注疏校勘記》有兩個版本系統，一個是文選樓單刻本系統，另一個是南昌府學合刻本系統。相較而言，文選樓本刊刻時間較早，保留了《十三經注疏校勘記》的原貌，而南昌府學本是後刻，且經過了盧宣旬等人的刪改，故兩個版本存有較為明顯的差異。錢宗武、陳樹《論阮元〈十三經注疏校勘記〉兩個版本系統》考察了《十三經注疏校勘記》的單刻與合刻過程，並對勘文選樓本與南昌府學本的異同，總結為刪去、新加、增補、改換四種情況，最後強調文選樓本的重要性，中肯地評價了南昌府學本的得失。〔註47〕而後王耐剛《〈十三經注疏校勘記〉版本述略》一文則作了更為詳盡的研究，文章調查了各大圖書館所藏《十三經注疏校勘記》的多種版本，提出文選樓單刻本存有不同時期的印本，先後印次為：《續修四庫全書》影印南京圖書館藏本、上海圖書館藏揚州阮氏文選樓刻本、上海圖書館藏葉景葵舊藏本、華東師範大學圖書館藏盛宣懷愚齋圖書館舊藏本。而對於《清經解》道光初刻本與咸豐補刊本，作者認為「道光初刻本更接近嘉慶二十一年的印本，而與較早印本不同。我們在上文所舉文選樓諸印本之差別，道光初刻本之文字皆與葉藏本、愚齋本相同，而與較早刷印的南京圖書館藏本、上海圖書館藏本不同」，「咸豐補刊本也對道光初刻本作了相當程度的校改，這些校改使其與文選樓本、道光初刻本之間有了重要差異，這些差異主要集中在《尚書注疏校勘記》中」。〔註48〕此外，南昌府學合刻本之後，又衍生出道光六年南昌府學重刊本、同治十二年江西書局刊本、光緒十三年上海脈望仙館石印本、光緒二十三年上海點石齋石印本、民國世界書局本、1980年中華書局本等等，歷經數十次輾轉翻刻，謬誤眾多，遂不得見阮刻本之原貌矣。尋找並確定一個好的版本是進行古籍研究的第一步，亦是最基礎的工作。近來浙江傳古樓陸續影印上海圖書館藏嘉慶二十一年修版後印本，是至今最好的阮刻本，嘉

〔註46〕井超《阮元校勘〈十三經注疏〉暗引殿本瑣議》，《古籍整理研究學刊》2018年第2期，第94～97頁。

〔註47〕錢宗武、陳樹《論阮元〈十三經注疏校勘記〉兩個版本系統》，《揚州大學學報（人文社會科學版）》2007年第1期，第24～28頁。

〔註48〕王耐剛《〈十三經注疏校勘記〉版本述略》，《歷史文獻研究》第37輯，第199～200頁。

惠學林。〔註49〕

　　綜上，第一層次的研究主要是對《十三經注疏校勘記》作整體考察，主要側重以上四個方面。然整體研究多依據書信、序跋、筆記、文集等外緣材料，數量有限，且很容易因襲清人的舊觀點，得出許多似是而非的結論。隨著相關研究地不斷深入，學者們發現許多問題並非那麼簡單，因而開始從各經《校勘記》的內容入手，進行更為深入地思考，以此開啟了第二層次的研究，即對某一單經《校勘記》具體探研。

### （二）《十三經注疏校勘記》的個體研究

　　此研究是指選取某一單經《校勘記》，對其內容進行詳盡探析，主要包括使用的版本、參引的文獻與前人著作、校勘方法與體例、校勘思路與理念、文選樓本與南昌府學本的異同、後人的評價與影響等等。不僅能對單經《校勘記》作全面細微的梳理，還可以對一些舊問題加以重新審視，得出一些新的思考，以下亦擇要介紹。

#### 1.《周易注疏校勘記》

　　喬衍琯《跋宋監本〈周易正義〉——兼論阮元〈十三經注疏校勘記〉》〔註50〕此文將臺北「央圖」所購一部影印南宋監本《周易正義》與阮刻本《周易注疏》進行對勘，最後指出「論者咸以阮氏《十三經注疏校勘記》以《周易》最為疏略，然取單疏本校阮刻本，出入雖多，然其為《十三經注疏校勘記》所未及而與經義文義有關者，不盈百條。昔日余讀群經注疏，《十三經注疏校勘記》一併讀之，深服其嚴於去取，語多精覈。又多引浦鏜《十三經注疏正字》、盧文弨校語，去蕪存精，讀之無枯燥厭煩之感。」可見通過內容對校，作者對阮元《周易注疏校勘記》評價較高，雖然日本學者所撰《十三經注疏校勘記》水平已超越阮本，但「終不足以廢阮氏書」。

　　谷繼明《〈周易注疏〉版本流變及阮刻〈周易正義〉補議》〔註51〕該文就《周易注疏》的版本進行探究，所得有三：一是辨析了「十行本」與「九行

---

〔註49〕關於阮刻《十三經注疏（附校勘記）》諸版本優劣的探討，詳見蔣鵬翔《阮刻〈十三經注疏〉序》，傳古樓據上海圖書館藏清嘉慶刊本影印，浙江大學出版社，2015 年，第 1～17 頁。

〔註50〕喬衍琯《跋宋監本〈周易正義〉——兼論阮元〈十三經注疏校勘記〉》，《喬衍琯古籍整理自選集》，臺北文史哲出版社，1999 年，第 15～20 頁。

〔註51〕谷繼明《〈周易注疏〉版本流變及阮刻〈周易正義〉補議》，《周易研究》2010 年第 4 期，第 39～47 頁。

本」的區別，指出「十行本與閩、監、毛本的關係並非僅是前賢所認為的遞相傳承。閩本實際出自元刻九行本，且此元刻九行本反倒是十行本明代補版所從出」；二是重新評價了阮刻《周易注疏》「實際是對於元刻明修十行本的再現，所依據的十行本乃是十行本中錯訛最多的一個本子。由此我們審視阮元的重刻，其主要失誤在於選擇底本的錯誤而非刊刻工作本身」；三是介紹了清武英殿本及《四庫全書》本「在《周易注疏》的眾版本中，武英殿本及《四庫全書》本較易被忽略，然而這個版本從分卷到校勘卻是比較有特色的。如武英殿本《十三經注疏》實際是欲對《十三經注疏》作一全面的修訂與整理。這種工作的性質決定了它不是簡單的校勘，因此它的成果不在於版本原貌的重現。從《周易注疏》的情況看，由於版本的缺乏，殿本的校勘仍不夠精，且於版本原貌改動頗多」。可見，對單經《校勘記》的個體考察，往往能得出異於傳統的看法，有益於研究進一步深化。

劉玉才《阮元〈十三經注疏校勘記〉成書蠡測》〔註52〕2010 年國家圖書館收入了阮元《周易注疏校勘記》的殘存稿本和謄清本，劉玉才通過比勘稿本、謄清本和刻本的異同，使得一些問題有了突破性進展，主要有三：一重新分析了阮元《十三經注疏校勘記》的編撰緣起，之前多主張是受到盧文弨校經的啟發與影響，但該文認為「阮元延客校勘《十三經注疏》，應主要是受到當時學術氛圍的影響，盧文弨只是啟發者之一，阮元《十三經注疏校勘記》與盧文弨手校《十三經注疏》並沒有直接繼承關係，故今存李銳《周易注疏校勘記》原始稿本甚至沒有直接引用盧文弨本人的校勘意見，是嚴傑補校時方與浦鏜的校勘成果一起增加進去」。二是對《十三經注疏校勘記》的修纂流程提出了新看法，以往的觀點多為「阮元授經分校，復加親勘」之說，而劉先生據新材料總結了《周易注疏校勘記》的成書經過「分校者李銳校寫初稿——嚴傑補增——阮元批校——謄清成稿——孫同元覆核並補增——嚴傑校定——刊刻成書」，由此得出「主要還是各自為政，標準亦不一致」的結論。三是對段玉裁與《十三經注疏校勘記》修纂關係的問題，該文指出了《周易注疏校勘記》大部分圈識後按語的作者是嚴傑，而不是段玉裁。這與之前的看法大相逕庭，很有啟發性。此文所據材料、研究方法與所得結論皆有別於前人，頗有新意，應引起足夠重視。

---

〔註52〕劉玉才《阮元〈十三經注疏校勘記〉成書蠡測》，《國學研究》2015 年第 35 卷，第 1～17 頁。

張學謙《〈周易注疏校勘記〉編纂考述》〔註53〕劉玉才主持的 2011 年度國家社科基金重點項目「《十三經注疏校勘記》研究」，對十三部《校勘記》進行標點整理，選用文選樓單行本作為底本，參校南昌府學本，將二書不同之處標注出來，並撰寫整理前言，此為《周易注疏校勘記》整理前言。作者從編纂流程、引據版本、徵引成果、評價、傳刻版本五個方面對《周易注疏校勘記》進行了詳細考察，尤其是對其底本（十行本）、校本（唐石經、岳本、古本、足利本、影宋鈔本、宋本、閩本、監本、毛本）的梳理分析，釐清了各版本源流與使用狀況，使得該書的修纂過程更為清晰。此外，作者還討論了「盧文弨校本」，由於並未目睹「盧文弨校本」原書，故未充分展開。

2.《尚書注疏校勘記》

杜澤遜《阮元刻〈尚書注疏校勘記〉「岳本」辨正》〔註54〕阮元《尚書注疏校勘記》序文所列參校各本中，除了宋本、閩本、監本、毛本外，還有一「岳本」，下有小字說明此為乾隆武英殿重刻岳氏相臺五經本，並被歸入「經注本」，故只有經文、注文及簡單的音切，不應有疏文。然而在《尚書注疏校勘記》疏文校記中卻接連出現「岳本」，有 38 條之多，頗為奇怪。作者對此現象進行探析，得出此 38 條校記中的「岳本」當為「毛本」之誤，並推測大致是由於盧宣旬在轉換底本時不慎失誤造成的。由此可見本文從細微之處入手，證據充分，頗有說服力。

3.《毛詩注疏校勘記》

李慧玲《阮刻〈毛詩注疏（附校勘記）〉研究》〔註55〕此文可謂是單經《校勘記》研究的代表作，內容全面系統，論證嚴謹，對一些有爭議的問題亦作了探研，新意迭出。其中最大的貢獻是提出了「阮刻《毛詩注疏》是於經學大有功勞之本但並非善本」的觀點，並指出緣由「第一，底本選擇不當；第二，最佳的通校本未能使用；第三，誤校和失校甚多」。內容結構上，作者首先對毛晉汲古閣本與武英殿本進行了重新評價，提出毛本並非如清人所言那麼不好，而殿本「在質量上卻很難和它的盛名相匹配……說殿本刻精，合乎實際，

---

〔註53〕張學謙《〈周易注疏校勘記〉編纂考述》，《版本目錄學研究》2016 年第 7 輯，第 307～330 頁。

〔註54〕杜澤遜《阮元刻〈尚書注疏校勘記〉「岳本」辨正》，《文獻》2014 年第 2 期，第 3～9 頁。

〔註55〕李慧玲《阮刻〈毛詩注疏（附校勘記）〉研究》，華東師範大學博士學位論文，2008 年。

說殿本校精，則不敢苟同」。其次對阮刻《毛詩注疏》使用的版本進行了探究，通過對勘日本藏宋十行刻本與阮刻本的異同，指出阮刻本的底本並非宋十行本，而是元刻明修十行本。再者闡述了單疏本《毛詩正義》具有很高的校勘價值，建議以宋十行本為底本、單疏本為校本重新整理《毛詩注疏》。再次對《毛詩注疏》的校勘方面進行了平議，主要包括辨析《毛詩注疏校勘記》兩個版本系統的異同、論證「首創初校、複校、三校制度」與「《正義》自為文」的理論、梳理經注疏文的體例、使用理校法的得失及指出部分誤校等。文章最後清理了引用諸家著述的情況，弄清了《十三經注疏正字》的原作者、因何未採用《經義述聞》等問題，可見用功頗深。

陳濬寬《阮元〈毛詩注疏校勘記〉探析》〔註56〕此文亦是一篇力作，分四大部分。第一梳理了阮元一生的學術成就，包括所撰著作、書籍編刻、書院教育等方面，從中探尋阮氏熱衷於校書的緣由；第二具體考察了《毛詩注疏校勘記》兩個不同版本的編纂情況與內容差異，得出文選樓本優於南昌府學本的結論；第三詳析了《毛詩注疏校勘記》中對校、本校、他校、理校四校法的運用；第四部分論述了《毛詩注疏校勘記》的評價與影響。作者致力於補充李慧玲文章的疏漏之處，如《毛詩注疏校勘記》所闡發的經、注、疏之文例，以及校勘按語、補校方面的內容等等，詳盡充實，周密嚴謹，結論可信。

水上雅晴《顧廣圻與〈十三經注疏校勘記〉——以〈毛詩釋文校勘記〉為考察中心》〔註57〕對於《十三經注疏校勘記》的分校者是否實際撰寫校勘記的問題，學界之前的研究頗少。鑒於此，該文以阮刻《毛詩釋文校勘記》為研究對象，通過對勘國家圖書館所藏《毛詩釋文》校本與《毛詩釋文校勘記》之異同，得出《毛詩釋文校勘記》的基礎部分是由顧廣圻編寫的，並進一步認為「《毛詩釋文》校本所錄的顧廣圻校語就是《十三經注疏校勘記》分校者實際撰寫各經校記的重要證據」。作者曾對國家圖書館藏《經典釋文》校本進行調查，故其材料來源較為可靠，結論亦較為重要，彌補了以往研究之不足。

---

〔註56〕陳濬寬《阮元〈毛詩注疏校勘記〉探析》，臺灣私立東海大學碩士學位論文，2012 年。

〔註57〕（日）水上雅晴：《顧廣圻與〈十三經注疏校勘記〉——以〈毛詩釋文校勘記〉為考察中心》，劉玉才主編《經典與校勘論叢》，北京大學出版社，2015 年，第 242～262 頁。

　　程蘇東《阮元〈十三經注疏校勘記・毛詩〉所稱「正義本」考辨》〔註58〕此文探討《毛詩注疏校勘記》的版本問題。「正義本」在《毛詩注疏校勘記》中出現的頻率非常高。此本是唐時之本，十分重要，然阮元等人並未見過，所引異文是通過《毛詩正義》與《毛詩釋文》所推知。而孔穎達《五經正義》是在劉炫、劉焯舊疏的基礎上編纂而成，故「正義本」應包括舊疏所據文本與唐《正義》所據文本兩種。《毛詩注疏校勘記》並未辨別這種差異，導致出現差錯。作者以此為突破，「嘗試通過對《正義》內部結構的梳理，指出阮校據『正義本』校勘所存在的問題」。此文的切入點十分新穎，已不僅限於《十三經注疏校勘記》本身，上溯到唐人《五經正義》的編纂問題，富有啟發意義。

### 4.《周禮注疏校勘記》

　　唐田恬《阮元〈周禮注疏校勘記〉探析》與《〈周禮注疏校勘記〉平議》〔註59〕此文內容分兩大部分：《十三經注疏校勘記》編纂總述，包括修撰緣起、準備、流程、參與人員、卷數、使用版本；《周禮注疏校勘記》探研，涉及形式特點、主要內容、參校諸本、引用文獻與前人成果、校勘方法與理念、文選樓本與南昌府學本異同、評價與影響。作者通過對《周禮注疏校勘記》的具體考察，對一些舊有問題做出了新的分析。主要有三：

　　一是《十三經注疏校勘記》的編纂緣起。作者通過梳理阮元一生的學術生涯活動，提出不同於前人的「阮氏自發說」：「《十三經注疏校勘記》的編纂，是阮元在不斷積累與充分準備後，自發組織江浙學人進行的」，之後在《〈周禮注疏校勘記〉平議》中又從五個方面進行具體論述「盧文弨並非是最初的校勘群經的倡導者」、「《十三經注疏校勘記》吸收了大量清人與前人的校勘成果，並非盧氏一家」、「《十三經注疏校勘記》與惠棟校本關聯更大」、「《十三經注疏校勘記》大量使用了與盧氏校勘方法不同的活校法與理校法」、「《十三經注疏校勘記》使用了大量盧氏不常用的古音學、文字學等方面知識」，以此得出「《十三經注疏校勘記》反映的校勘理念、體例與內容確實受到盧文弨的影響，但是以《十三經注疏校勘記》全部依據盧校而作，則未

〔註58〕程蘇東《阮元〈十三經注疏校勘記・毛詩〉所稱「正義本」考辨》，劉玉才主編《經典與校勘論叢》，北京大學出版社，2015年，第263～283頁。

〔註59〕唐田恬《阮元〈周禮注疏校勘記〉探析》，北京大學碩士學位論文，2013年。後經修改，改名為《〈周禮注疏校勘記〉平議》，劉玉才主編《經典與校勘論叢》，北京大學出版社，2015年，第284～328頁。

免失之武斷」。

二是《十三經注疏校勘記》的修纂過程。作者通過對《周禮注疏校勘記》內容的考察，提出「遠比《序》言中的敘述要複雜得多。校勘的工序並非只有分校和總覽兩道，參與的人員也並非只有分校學者和阮元。《十三經注疏校勘記》的編纂是有著非常複雜的程序，每一經的具體情況也不盡相同。各經《校勘記》完成的時間不同，也影響了編纂工序及其質量」。

三是《十三經注疏校勘記》與段玉裁的關係。文章認為「段玉裁確實與《十三經注疏校勘記》有著比較密切的關係，尤其是在《周禮》、《毛詩》等幾經中，段氏的校勘成果體現得更為明顯。但是，將總校的工作全部歸功於段玉裁一人是不準確的。首先，段玉裁併非與十三部經書的總校工作都發生密切關聯。其次，《十三經注疏校勘記》的形成有著較為複雜的工序，段玉裁參與的並非是最終環節。對於段玉裁的意見，《十三經注疏校勘記》仍然有商榷和修正之處。可見在段玉裁之後，《十三經注疏校勘記》的工作仍未結束。」

綜上，此文闡述全面、論證深入。然文中所舉之例都來自《周禮注疏校勘記》，並未對其他經書《校勘記》作相應討論，故其結論是否準確，有待進一步驗證。

### 5.《儀禮注疏校勘記》

張文《南昌府學本〈儀禮注疏〉所附〈校勘記〉辨正》〔註60〕阮元《十三經注疏校勘記》單行本與合刻本中，《尚書》、《儀禮》、《論語》三經情況稍微複雜。由於兩個版本的校勘底本不同，致使盧宣旬在摘錄時，要對單行本的校語進行改寫，故難免會出現疏漏與誤校。此文便以《儀禮注疏校勘記》為例進行專門探討，主要包括「論校勘底本之轉換」、「論盧氏摘錄之疏失」、「論盧氏之貽誤後人」三大部分。文章內容翔實，舉例甚多，分析深入。

吳婷《阮元〈儀禮注疏校勘記〉研究》〔註61〕作者對《儀禮注疏校勘記》進行了全方位研究，主要涉及以下方面：首先，通過對現有材料的搜集與考述，指出《儀禮注疏校勘記》的作者並非只有徐養原與阮元二人；其次，簡要梳理《儀禮注疏校勘記》的版本，理清主要版本與祖本之間的承繼關係；再

---

〔註60〕張文《南昌府學本〈儀禮注疏〉所附〈校勘記〉辨正》，劉玉才主編《經典與校勘論叢》，北京大學出版社，2015 年，第 329～352 頁。

〔註61〕吳婷《阮元〈儀禮注疏校勘記〉研究》，湖北大學碩士學位論文，2017 年。

者，對單行本與合刻本的內容進行比對，總結盧宣旬等人的摘錄可分刪、增、改三種處理方式，並分析其原因。第四，詳述單行本與合刻本的版本價值以及側重點，進而指明使用它們時需要注意的問題。最後，簡要論述了阮元對於南昌府學本的態度。

### 6.《禮記注疏校勘記》

**曾曉梅、毛遠明《阮元校勘〈禮記正義〉存在的問題》**〔註62〕此文指出阮刻本《禮記注疏校勘記》大量參引了南宋衛湜《禮記集說》，但由於《禮記集說》有眾多版本，主要有宋郡齋本、明影鈔宋本、《通志堂經解》本、《四庫全書》本等，未知《禮記注疏校勘記》所引《禮記集說》是哪個版本。作者通過比對發現阮元所用《禮記集說》並非宋本，而是經過重大改動的《通志堂經解》本，以致出現大量繆誤。

**井超《盧宣旬摘錄〈禮記注疏校勘記〉訛誤考辨》**〔註63〕《禮記注疏校勘記》文選樓本中存在出校文字與底本不同的情況，到了南昌府學本盧宣旬摘錄時，為了使出校文字與底本保持一致，需要對不一致的校記進行處理，其中又產生不少訛誤。此文列舉大量例證來探討這些訛誤，分析原因，並提出了修改意見。文末還指出此種情況不僅限於《禮記注疏校勘記》，《尚書注疏校勘記》、《儀禮注疏校勘記》亦大量存在這種情況，以期希望引起關注與重視。

**井超《〈禮記釋文校勘記〉考論》**〔註64〕此文對《禮記釋文校勘記》進行了相關探研。作者首先梳理《禮記釋文校勘記》的成書情況，得出洪震煊是「以通志堂本為底本、以葉林宗影鈔宋本、撫州公使庫本為對校本，同時參以單經本（唐石經）、經注本（岳本）、注疏本（十行本、閩、監、毛本）、校本（盧文弨校本、段玉裁校本）等，詳加校勘，列各本異同，並按斷是非」。其次，通過對勘《禮記釋文校勘記》的兩個版本（文選樓本和《清經解》本），分別指出二本的優點與缺失，認為前者優於後者。最後，作者分析了《禮記釋文校勘記》的單行本與合刻本之關係，指出「盧宣旬在整理《禮記釋文》

〔註62〕曾曉梅、毛遠明《阮元校勘〈禮記正義〉存在的問題》，《圖書情報工作》2011年第23期，第135～139頁。

〔註63〕井超《盧宣旬摘錄〈禮記注疏校勘記〉訛誤考辨》，《中國典籍與文化》2016年第3期，第49～54頁。

〔註64〕井超《阮元〈禮記釋文校勘記〉考論》，《中國經學》2017年第20輯，第149～160頁。

時，對《禮記釋文校勘記》的重視不足，基本沒有吸收《禮記釋文校勘記》的成果」，並總結三個方面的原因：一是阮元校勘的初衷決定了《禮記釋文校勘記》很難用在十行本《禮記釋文》上；二是《禮記釋文校勘記》的內容與體例又使其被部分摘錄吸收的可能性大大降低；三是盧宣旬急於刊成《十三經注疏》，沒有太多精力，時間不允許。此文考證翔實，結論較為可信。

井超《盧宣旬摘錄〈禮記注疏校勘記〉刪節條目探析》〔註65〕盧宣旬等人刊刻的南昌府學合刻本，對文選樓本《十三經注疏校勘記》進行了刪節、轉換、更改、增補等工作，故二書存在諸多不同。該文以《禮記注疏校勘記》為例，逐條對勘二書文本，指出盧宣旬刪去 3119 條校記，得失參半。一方面，刪去錯誤的校記是可取的，刪去不少與底本關係不大的校記，縮減篇幅，為讀者提供一定便利。而另一方面，盧氏刪去了很多反映底本錯誤的校記，直接據所刪校記改底本，存在漏改情況，這就削弱了的《十三經注疏校勘記》的價值，埋沒了他人校勘成果，違背了阮元的校勘理念，是不恰當的。

### 7.《春秋左傳注疏校勘記》

袁媛《阮元〈春秋左傳注疏校勘記〉成書管窺——從陳樹華〈春秋經傳集解考正〉到阮書》〔註66〕此文重點在於考察《春秋左傳注疏校勘記》的成書情況，其主要觀點為「《春秋左傳注疏校勘記》在很大程度上依託清人陳樹華《春秋經傳集解考正》而來」。第一部分梳理陳樹華《春秋經傳集解考正》的成書與流傳。第二部分考察《春秋左傳注疏校勘記》對陳氏《春秋經傳集解考正》的承襲情況，分別從「他書文獻引用」、「他人校勘成果引用」、「揭示顧炎武校勘唐石經之失」以及「其他具體考辨」四個方面進行了具體分析。第三部分總結《春秋左傳注疏校勘記》所作的推進工作，如新增版本異文、補充參考諸家的數量等。所述內容翔實，結論可信。

張麗娟《阮元〈春秋左傳注疏校勘記〉與八行本〈春秋左傳正義〉》〔註67〕宋刻八行本《春秋左傳注疏》是阮元《春秋左傳注疏校勘記》的重要參校本，

---

〔註65〕井超《盧宣旬刪節〈禮記注疏校勘記〉條目探析》，《經學文獻研究集刊》2017年第 17 輯，第 258～269 頁。

〔註66〕袁媛《阮元〈春秋左傳注疏校勘記〉成書管窺——從陳樹華〈春秋經傳集解考正〉到阮書》，劉玉才主編《經典與校勘論叢》，北京大學出版社，2015年，第 353～380 頁。

〔註67〕張麗娟《阮元〈春秋左傳注疏校勘記〉與八行本〈春秋左傳正義〉》，《經學文獻研究集刊》2018 年第 19 輯，第 199～214 頁。

然《春秋左傳注疏校勘記》所引的宋刻八行本與國家圖書館所藏的宋刻八行本存在諸多文字不一致的情況。張元濟與趙萬里等前輩學者認為阮元所見多為補版，故有不同也，將兩者差異歸因於不同時期的印本與補版之不同。而近來張麗娟將阮校所據八行本、國家圖書館所藏八行本、臺北「國家圖書館」藏清人江沅過錄的段玉裁《春秋左傳注疏》校本三者進行詳細比勘，提出新觀點，指出阮校所據的八行本既非南宋慶元間原刻本，亦非據原刻本的影鈔本，而是一部類似臺北「國家圖書館」所藏過錄段玉裁的校本，此校本之底本為毛氏汲古閣本，無校字之處皆默認八行本同毛本，故產生了相當數量的誤校。

劉娟《〈春秋左傳正義〉校勘箚記》〔註68〕此文將阮元《春秋左傳注疏校勘記》的南昌府學合刻本與文選樓單行本進行比對，列出部分合刻本刪除的校勘條目，進行分類，認為「合刻本逕改原文的做法的確是違背了阮元不改變宋板原貌的校勘本意，這種輕改古本原貌的做法，在校勘學上是不可取的」。論文不足之處是只偏重於合刻本，對單行本討論較少，而所用 1980 年版《春秋左傳注疏》也不能說是好的版本。浙江傳古樓影印上海圖書館藏清嘉慶刻本《春秋左傳注疏》，可謂迄今最好的版本。

### 8.《春秋公羊傳注疏校勘記》

趙昱《〈春秋公羊傳注疏校勘記〉論略》〔註69〕此文考察了《春秋公羊傳注疏校勘記》的相關問題，包括校勘所據版本、所引他書文獻、校勘記的形成、所蘊含的學術思想、兩個版本的異同等。文章深入淺出，進行了有益的探索，填補了學界對《春秋公羊傳注疏校勘記》的研究空白，不失為一篇佳作。

### 9.《春秋穀梁傳注疏校勘記》

筆者聞見不周，目前尚未查到公開發表的有關論文，僅見張文《〈春秋穀梁傳注疏校勘記〉整理本說明》〔註70〕。作者主要考察了《春秋穀梁傳注疏校勘記》所據版本與刊刻源流、內容特點及價值意義、缺陷及不足之處、文

---

〔註68〕劉娟《〈春秋左傳正義〉校勘箚記》，南京師範大學碩士學位論文，2010 年。
〔註69〕趙昱《〈春秋公羊傳注疏校勘記〉論略》，《儒家典籍與思想研究》第 7 輯，北京大學出版社，2015 年，第 66～82 頁。
〔註70〕張文《〈春秋穀梁傳注疏校勘記〉整理本說明》，劉玉才主編《十三經注疏校勘記》（整理本）第 9 冊，北京大學出版社，2016 年，第 4383～4398 頁。

選樓單行本與南昌府學合刻本之區別等四個方面的內容。尚待進行更為深入的研究。

### 10.《論語注疏校勘記》

**張學謙《〈論語注疏校勘記〉編纂考述》**〔註71〕作者對《論語注疏校勘記》的成書過程、使用版本、參引文獻、不同版本之異同等問題作了相關研究，並對此書所據的底本、校本（包括漢石經、唐石經、宋石經、皇侃《論語義疏》、高麗本、十行本、閩本、北監本、毛本九個版本）進行了探源考辨，釐清它們之間的複雜關係與參引狀況。

### 11.《孝經注疏校勘記》

**張學謙《〈孝經注疏校勘記〉編纂考述》**〔註72〕作者主要考述了《孝經注疏校勘記》的修纂過程、引據版本、徵引文獻、不同版本之差異等問題，釐清了書中所據的唐石臺《孝經》四軸、唐石經《孝經》一卷、宋熙寧石刻《孝經》一卷、南宋相臺本《孝經》一卷、閩本九卷、重修監本九卷、毛本九卷八個版本的源流與真實情況。文章詳盡充實，可對《孝經注疏校勘記》的修纂過程有一個具體深入的認識。

### 12.《爾雅注疏校勘記》

《爾雅注疏校勘記》亦未見有研究專論發表，筆者僅見唐田恬《〈爾雅注疏校勘記〉整理本說明》〔註73〕一文，介紹了此書的基本情況，主要包括《爾雅》版本源流、分校者及其工作情況、所據的經書版本、校勘理念等內容。可見《爾雅注疏校勘記》較少有人關注，亟待相關探究。

### 13.《孟子注疏校勘記》

**王耐剛《〈孟子注疏校勘記〉編纂考述》**〔註74〕此文選取《孟子注疏校勘記》為研究對象，探討其編纂情況，主要從「《孟子注疏校勘記》成書之前學者的校勘工作」、「《孟子注疏校勘記》編修人員之推測」、「引據版本考析」三

---

〔註71〕張學謙《〈論語注疏校勘記〉編纂考述》，《中國經學》2017 年第 20 輯，第 161
～178 頁。
〔註72〕張學謙《〈孝經注疏校勘記〉編纂考述》，《經學文獻研究集刊》2016 年第 15
輯，第 270～285 頁。
〔註73〕唐田恬《〈爾雅注疏校勘記〉整理本說明》，劉玉才主編《十三經注疏校勘記》
（整理本）第 11 冊，北京大學出版社，2016 年，第 4859～4876 頁。
〔註74〕王耐剛《〈孟子注疏校勘記〉編纂考述》，劉玉才主編《經典與校勘論叢》，北
京大學出版社，2015 年，第 381 頁。

個方面進行考察，最終認為「《孟子注疏校勘記》的修纂有較強的計劃性，是學者分工合作的結果，在這之中，段玉裁發揮了統籌性的作用。《孟子注疏校勘記》的編修是在充分繼承前人成果的基礎上完成的，這主要表現為對前人校勘成果的利用。《孟子注疏校勘記》突破前人之處主要在於版本上的相對完備，但也不無缺憾。」文章內容充實，可謂對《孟子注疏校勘記》之研究有篳路藍縷之功。

　　董洪利、王耐剛《從〈孟子注疏校勘記〉看段玉裁與〈十三經注疏校勘記〉修纂之關係》〔註75〕此文將《孟子注疏校勘記》的部分內容與段玉裁的著作進行比較，認為《孟子注疏校勘記》中部分按語為段玉裁所撰寫。文章雖然大量舉例加以證明這一結論，然仍令人生疑，即使《孟子注疏校勘記》的部分按語與段氏著作相一致，也不能排除是分校者進行轉引，古人引某書未標明出處的現象十分常見，故很難確定這些校記就是段氏所撰，最多能說明《孟子注疏校勘記》及其分校者受段氏學說與著作的影響較深。此外，不能以單經《校勘記》的研究成果，推及其他經《校勘記》，甚至認為整個《十三經注疏校勘記》皆符合此結論，容易以偏概全。

　　劉瑾輝與吳秋雅《阮元〈孟子注疏校勘記〉之校勘成就》〔註76〕、《阮元〈孟子注疏校勘記〉之校勘疏失》〔註77〕、《〈孟子注疏校勘記〉校勘方法探析》〔註78〕第一篇文章列舉很多例子從校正訛誤、校訂脫衍、標章指、辨偽疏等方面探討了《孟子注疏校勘記》所取得的成就，認為該書「廣取善本，辨明是非，清本正源，細緻精當，功莫大焉。不僅在校勘學史上影響深遠，也是研究清代孟學史不可或缺的文獻」。第二篇文章探討了《孟子注疏校勘記》的疏失之處，指出「由於主客觀原因，《孟子注疏校勘記》疏漏之處有三：一是《孟子》中的引文漏校；二是對偽孫奭疏文應校未校，該斷不斷；三是有裁斷無引證」。第三篇文章以陳垣校勘四法對《孟子注疏校勘記》進行探究，認為此書「有效地運用了對校法、本校法、他校法和理校法等傳統校勘方法，

---

〔註75〕董洪利、王耐剛《從〈孟子注疏校勘記〉看段玉裁與〈十三經注疏校勘記〉修纂之關係》，《國學學刊》2013 年第 3 期，第 75～81 頁。
〔註76〕劉瑾輝、吳秋雅《阮元〈孟子注疏校勘記〉之校勘成就》，《國學學刊》2015 年第 1 期，第 30～41 頁。
〔註77〕劉瑾輝、吳秋雅《阮元〈孟子注疏校勘記〉之校勘疏失》，《中原文化研究》2014 年第 6 期，第 115～121 頁。
〔註78〕劉瑾輝、吳秋雅《〈孟子注疏校勘記〉校勘方法探析》，《現代哲學》2015 年第 3 期，第 118～122 頁。

校勘態度嚴謹，引徵廣博，屬精審詳實之作」。

　　日本學者對阮元《十三經注疏校勘記》的研究情況，可參見野間文史《近代以來日本的〈十三經注疏校勘記〉研究》〔註79〕一文。文章從總體與單經兩方面進行介紹，總體研究主要有關口順《〈十三經注疏校勘記〉略說》、水上雅晴《段玉裁與〈十三經注疏校勘記〉》等文章。如關口順對《十三經注疏校勘記》的編纂情況、所據版本、徵引著作、兩個版本系統之差異進行了詳盡分析，可謂必讀之作。而在單經《校勘記》研究方面，作者列舉了加藤虎之亮《周禮經注疏音義校勘記》、海保漁村《周易注疏校勘記舉證》、長澤規矩也《周易注疏校勘記補遺》、吉川幸次郎《讀〈尚書注疏〉記》與《毛詩正義校定資料解說》、常盤井賢十《宋本禮記疏校記》等文章。如野間文史鑒於阮元等人未見過真正的宋十行、八行刻本，所用參校本有限，因而準備重作《春秋左傳注疏校勘記》〔註80〕，他新增四種校本：日本正宗寺影鈔本《春秋正義》、日本足利學校藏南宋刊本《春秋左傳注疏》、南宋慶元刊八行本《春秋正義》、魏了翁《春秋左傳要義》。其中正宗寺本是手鈔唐代《春秋正義》，迄今世上唯一一部單疏本，見於《四部叢刊續編》，而日本足利學校藏南宋刊本《春秋左傳注疏》亦是現存極少的宋刻十行本，是明代覆刻十行本之祖本，野間文史的研究已有一定成果。〔註81〕

　　此外，值得一提的是，通過總結前人的研究成果，我們對《十三經注疏校勘記》的修纂得失已有相當程度的認識，並開始採取措施增補修訂，如山東大學杜澤遜教授主持的「《十三經注疏》匯校」重大項目、揚州大學孔祥軍教授實施的「阮刻《十三經注疏》圈字彙校考證」項目。杜先生仿照阮刻本的校勘方法與步驟，網羅了眾多阮元等人未曾見過的古寫本、鈔本、宋刻本，

〔註79〕　（日）野間文史撰，童嶺譯《近代以來日本的〈十三經注疏校勘記〉研究》，《中國經學》2013 年第 11 輯，第 15～57 頁。

〔註80〕　（日）野間文史《自述〈春秋正義校勘記〉之創作》，劉玉才主編《經典與校勘論叢》，北京大學出版社，2015 年，第 133～152 頁。

〔註81〕　如《春秋正義校勘記（卷第一～十七）》（《春秋正義の基礎的研究》，《平成 9 年度～平成 11 年度科學研究費補助金（基盤研究（C）（2））研究成果報告書》）、《春秋正義校勘記（卷第十一～十八）》（《広島大學大學院文學研究科論集・特輯號》第 62 卷第 1 期，第 2～67 頁，2002 年 12 月）、《春秋正義校勘記（卷第十九上～二十四）》（《広島大學大學院文學研究科論集・特輯號》第 64 卷第 1 期，第 2～66 頁，2004 年 12 月）、《春秋正義校勘記を作成して》（《二松：大學院紀要》第 30 期，第 69～92 頁，2016 年）。

以明萬曆北監本為底本，精審嚴校，堪稱《十三經注疏校勘記》的升級版，不僅對經學研究有直接幫助，而且在版本學、校勘學、文字學、出版史、學術史等方面也有不可低估的學術價值。〔註82〕而孔老師是對《十三經注疏校勘記》本身進行校訂，指出《十三經注疏校勘記》失校、誤說，並分析緣由，指出「實因眾多善本無由得見而致」。〔註83〕

　　以上對阮元《十三經注疏校勘記》研究現狀進行概述，從中可見相關論著已蔚為大觀，涉及到方方面面，成果裴然，值得充分肯定。然竊以為，對《十三經注疏校勘記》的研究仍有拓展空間。縱觀既有成果，不論是從整體考察，還是從單經入手，其主要關注點都在《十三經注疏校勘記》本身，就該書研究該書，較少涉及其他。這些研究雖然可以獲得很多細節上的認識，但也存在諸多不足。尤其是隨著幾部優秀的探討單經《校勘記》的代表作出現之後（如李慧玲、張學謙等），使得對其餘《校勘記》的考察，多沿襲代表作的內容思路（如主要論述使用的校勘版本、參引的文獻與前人成果、校勘方法與理念、單行本與合刻本內容異同等）。這些研究固然重要，但總體而言較為基礎，深度不夠，以致諸多問題仍舊含糊不清。根據劉玉才提出的關於《十三經注疏校勘記》成書過程的觀點：「主要還是各自為政，標準亦不一致。」既然各自為政，那麼每部《校勘記》都應有自己的獨特之處，因而有必要擺脫舊有的框架束縛，推動相關研究得到進一步發展。

## 三、本課題的研究方法與思路

　　文獻學最重要、最基本的方法是比較研究，通過比勘不僅可以對研究對象本身有全面深入地認識，更能將文獻學與學術史聯繫起來，將研究對象放置在整個學術史中進行考察，分析與其他著作之間的關係，變靜態為動態，以明晰其學術史意義。如在《十三經注疏校勘記》之前，有關經書校勘的著作已為數不少，如惠棟《春秋左傳補注》和《九經古義》、浦鏜《十三經注疏正字》、山井鼎《七經孟子考文補遺》、盧文弨《群書拾補》、陳樹華《春秋經傳集解考正》等，還有一些未刊的清儒經書校本，如錢求赤校本、惠棟校本、盧文弨校本、孫志祖校本、段玉裁校本、顧廣圻校本、陳樹華校本等。這些著

---

〔註82〕杜澤遜《十三經注疏匯校緣起》，《十三經注疏匯校·總前言》，中華書局，2015年，第1～3頁。

〔註83〕孔祥軍《校阮元〈宋本十三經注疏並經典釋文校勘記·毛詩注疏校勘記〉卷一》，《揚州文化研究論叢》2015年第2期，第10～24頁。

作與校本在《十三經注疏校勘記》中頻繁出現,被多次引用。

　　然就目前所見,學界對已刊刻成書的清人校勘著作十分重視,研究成果眾多,但對清儒經書校本的關注相對較少,僅有寥寥數篇文章。如顧永新《錢求赤鈔本〈周易注疏〉考實》〔註84〕、張麗娟《〈周禮注疏校勘記〉「惠校本」及其他》〔註85〕、王曉靜《閩刻〈十三經注疏〉山井鼎手校本價值考論》〔註86〕。筆者近來首次得見盧文弨《周易注疏》校本,學術意義相當重大。由上文所述,盧文弨《十三經注疏》校本與阮元《十三經注疏校勘記》的關係頗為重要,十分複雜,涉及到《十三經注疏校勘記》的修纂緣起、方法步驟、學術理念等諸多問題。學界雖討論甚多,然爭議不斷,目前大致可分為二說:盧氏啟發說與阮氏自發說,惜盧氏《十三經注疏》校本原書或已不存,此問題至今難有定論,堪稱學界一幢公案。幸而盧氏《周易注疏》校本尚存於世,或許是唯一一部盧氏《十三經注疏》校本,意義之重大不言自明。該校本保存了盧氏批校《周易注疏》的完整原貌,使我們得以目睹盧氏校勘時的情形與痕跡,不僅有助於弄清盧氏校勘《十三經注疏》的體例、方法、所據版本、參考前人著作等問題,甚至或許可以解決盧氏《十三經注疏》校本與《十三經注疏校勘記》修纂關係問題,可謂彌足珍貴。

　　由上,本書即以盧文弨《周易注疏》校本為中心,採用本體研究與比較研究相結合的方法。首先探析盧文弨《周易注疏》校本本身的情況,再與阮元《周易注疏校勘記》詳細比勘,從而得出《周易注疏校勘記》哪些內容是承襲而來,哪些內容是推進獨創,以此形成一個縱向脈絡,釐清《周易注疏校勘記》的材料、觀點、校勘方法與學術理念之來源,對成書過程作一個更加深入的研究,對爭議已久的問題提供一個更為可信的說法,以期明晰《十三經注疏校勘記》在清代經學史上的貢獻與意義。

　　具體分以下三章內容:

　　第一章:盧文弨《周易注疏》校本考述。首先,詳細介紹盧氏《周易注疏》校本的基本情況,包括冊數、校勘底本、藏書章、題跋等,並查閱相關目

〔註84〕顧永新《錢求赤鈔本〈周易注疏〉考實》,《文獻》2018 年第 1 期,第 52～65 頁。

〔註85〕張麗娟《〈周禮注疏校勘記〉「惠校本」及其他》,《文獻》2016 年第 4 期,第 78～87 頁。

〔註86〕王曉靜《閩刻〈十三經注疏〉山井鼎手校本價值考論》,《文獻》2017 年第 2 期,第 54～65 頁。

錄書、地方志、人物志等史書與工具書，對所涉及的藏書家、學者進行簡介，重點梳理出此校本的來源、收藏與流傳情況。同時將校本與盧氏的傳世著作相關聯，尋找相合之處，以進一步確認校本的真實性。其次，對盧氏校勘《周易注疏》的具體情況進行考察，主要從校勘所使用的版本、所徵引的他書文獻、所參考的前人著作、所作的按斷語四個方面展開。雖然顧永新、王寧已做過相關研究，但他們所據的材料不是盧氏《周易注疏》校本，故所得結論仍不夠清晰，需要更為全面深入地探討，以補不足。

　　第二章：盧文弨《周易注疏》校本與阮元《周易注疏校勘記》關係考辨。首先，通過比勘盧氏《周易注疏》校本與《群書拾補・周易注疏校正》，可得《周易注疏校勘記》引據的盧氏校勘成果主要來自盧氏《周易注疏》校本。其次，從承襲與推進兩大方面詳細分析盧氏《周易注疏》校本與《周易注疏校勘記》的關係。承襲方面，主要圍繞羅列版本異文、引述前人成果、盧氏按斷語來考察二書承襲痕跡，尤其注意盧氏《周易注疏》校本所引材料本身有誤，《周易注疏校勘記》未翻檢原書，徑直承襲其錯誤，此類例子是證實《周易注疏校勘記》承襲的最有力證據。推進方面，《周易注疏校勘記》主要體現有：補入新的版本異文、增加參考著作的數量、使用葉鈔本《經典釋文》校勘文字、對部分條目進行按斷考辨。可見《周易注疏校勘記》在借鑒、吸收盧氏校勘成果的基礎上，又多有發明創獲，終成典要之作，希冀以此對《周易注疏校勘記》的成書過程有一個更為全面深入地認識。

　　第三章：盧文弨《周易音義考證》所引「錢本」「宋本」及與阮元《周易釋文校勘記》「宋本」關係考析。一方面，對盧氏《周易音義考證》引據的錢求赤鈔本《周易釋文》的版本性質進行考察，得出此本並非如盧氏所言「影宋鈔本」，而是一個融合多種版本重校而成的新文本，其間還存有錢氏據他書或無版本依據的校改。另一方面，盧氏與阮氏在校勘《周易釋文》時都大量徵引了「宋本」內容，然二書引文卻存在諸多差異。筆者依據《通志堂經解》本《周易釋文》、國家圖書館藏宋本《周易釋文》和若干種清儒（如臧庸、段玉裁）批校的《周易釋文》，相互印證，相互補充，對《周易注疏校勘記》所引的「宋本」性質進行重新考辨。

　　綜上，從盧文弨《周易注疏》校本到阮元《周易注疏校勘記》，每一部書絕非憑空出現，都是在借鑒、吸收、批判前人成果的基礎上，推陳出新，取得更多創獲，以此形成一條縱向脈絡，推動學術不斷向前發展。由此可見，

我們在研究《十三經注疏校勘記》之時，除了本體研究之外，更應該從學術史的角度入手，進行比較研究，釐清其與此前著作之間的關係，以明晰哪些是承襲，哪些是開創，才能更清楚更準確地認識到它的真正價值，給予一個合理的學術定位與評價，這對於清代經學與學術史而言，有著十分重要的意義。

# 第一章 盧文弨《周易注疏》校本考述

　　對於清學史上的校勘名家盧文弨，學界已有諸多研究，成果堪稱豐碩〔註1〕。盧氏盡畢生之力潛心於校勘之學，勤事丹鉛，朱墨並作，鈔校不綴，年過古稀，仍手不釋卷，可謂耗盡心血。據陳修亮《盧文弨鈔校題跋本目錄》統計，盧氏所校之書多達 352 種，範圍遍及四部，其中經部 82 種，史部 70 種，子部 106 種，集部 94 種〔註2〕，著實令人欽佩。其好友錢大昕曾盛讚云：「學士盧抱經先生精研經訓，博極群書，自通籍以至歸田，鉛槧未嘗一日去手。奉廩修脯之餘，悉以購書。遇有秘鈔精校之本，輒宛轉借錄。家藏圖籍數萬卷，皆手自校勘，精審無誤。凡所校定，必參稽善本，證以它書，即友朋後進之片言，亦擇善而從之，洵有合於顏黃門所稱者，自宋次道、劉原父、貢父、樓大防諸公，皆莫能及也。」〔註3〕而在盧氏眾多校勘著述中，《十三經注疏》校本尤為重要。此校本所涉問題頗多且繁雜，如盧氏校勘《十三經注疏》的緣起、體例、方法、所據版本、參引文獻與前人著作、與阮元《十三經注疏校勘記》之間的關係〔註4〕等等。依據盧氏《群書拾補》中的諸經注疏校

---

〔註1〕相關研究成果可參見彭喜雙、陳東輝《盧文弨研究文獻目錄》，陳東輝主編《盧文弨全集》第 15 冊，浙江大學出版社，2017 年，第 477～568 頁。

〔註2〕陳修亮《盧文弨鈔校題跋本目錄》，陳東輝主編《盧文弨全集》第 15 冊，浙江大學出版社，2017 年，第 373～476 頁。

〔註3〕（清）錢大昕《潛研堂文集》卷 25《盧氏群書拾補序》，陳文和主編《嘉定錢大昕全集》第 9 冊，江蘇古籍出版社，1997 年，第 402 頁。

〔註4〕關於盧文弨《十三經注疏》校本與阮元《十三經注疏校勘記》之關係，學界討論甚多，具體可參見汪紹楹《阮氏重刻宋本〈十三經注疏〉考》，《文史》1963 年第 3 輯，第 25～60 頁；李慧玲《阮刻〈毛詩注疏（附校勘記）〉研究》，

正所摘錄的部分校語、阮元《十三經注疏校勘記》所引述的盧氏校語,雖能窺其一端,然終究不是盧氏《十三經注疏》校本全書,致使許多問題模糊不清,有待進一步討論。今中國國家圖書館與湖北省圖書館各藏有一部清人張爾耆過錄的盧文弨《周易注疏》校本,頗為珍貴。筆者擬據此校本對盧氏校勘《周易注疏》的情況進行詳細考述,以期有益於相關問題的深入研究。

## 第一節　盧文弨《周易注疏》校本概況

盧文弨《十三經注疏》校本原書或已不存,今僅見清人張爾耆過錄的盧氏《周易注疏》校本,中國國家圖書館與湖北省圖書館各藏一部。

中國國家圖書館藏本源自清代著名藏書家韓應陛的舊藏,底本為明末毛晉汲古閣刻本《周易兼義》九卷,共四冊,第一冊卷端鈐有「丹邨子」朱文方印,其餘三冊卷首有「金華張氏」、「翠微山房」朱文方印。〔註5〕書前有韓應陛題識云:

> 盧氏校本得之蘇州書友蔣恕齋,時在戊午三月中。央齋主人借校錄一過,並多是正處,遍為貼籤,而後此書方成善校本。蓋此本原非盧氏手校,係他人度本,致多錯誤耳。咸豐八年五月十六日記,應陛。

卷末有張爾耆跋文曰:

> 抱經盧氏所校《周易注疏》依錢求赤影宋本,阮芸臺相國重刊十行宋本注疏亦取資焉,謂在十行本之上。書中徵引各種以考異同,如陸德明《釋文》、李鼎祚《集解》及他刻本曰宋、曰古、曰足利者,證諸《校勘記》中,尚有遺漏。又有曰沈者,案即浦鏜《十三經注疏正字》。朱墨間出,校閱非止一二過,洵稱完善。惟中有曰「盧本」

華東師範大學 2008 年博士學位論文,第 187〜196 頁;劉玉才、水上雅晴主編《經典與校勘論叢》,北京大學出版社,2015 年;劉玉才《阮元〈十三經注疏校勘記〉成書蠡測》,《國學研究》2015 年第 35 卷,第 1〜17 頁。

〔註5〕 「丹邨子」、「金華張氏」、「翠微山房」為清人張作楠藏書印。張作楠(1772〜1850),字丹邨,浙江金華人,清嘉慶十三年(1808)進士,著名天文學家、數學家,所撰著作若干種,匯刻成《翠微山房叢書》行於世。生平事蹟見《清史稿》卷 478《循吏列傳三·張作楠傳》,中華書局,1977 年,第 13064〜13065 頁;(清)阮元、羅士琳等撰,馮立升等校注《疇人傳合編校注》,中州古籍出版社,2012 年,第 479〜480 頁。

者，未知所指，疑此本已非抱經原書，或後人所增也。戊午夏日，
從淥卿舍人借校畢，書此以志歲月。夬齋學人張爾耆識。

　　湖北省圖書館藏本則來自張爾耆舊藏，其底本亦是毛氏汲古閣本《周易
兼義》，書內鈐有「張柳泉藏書記」〔註6〕、「爾耆」、「伊卿」朱文方印，卷首
有張爾耆題識云：

　　　　抱經盧氏所校《周易注疏》依錢求赤影宋本，阮芸臺相國重刊
宋本注疏亦取資焉，謂在十行本之上。書中徵引各種以考異同，如
陸德明《釋文》、李鼎祚《集解》及他刻本曰宋、曰古、曰足利者，
證諸《校勘記》中，尚有遺漏。又有曰沈者，案即浦鏜《十三經注
疏正字》。幾經校閱，頗稱完善。惟中有曰「盧本」者，未知所指，
疑此本已非抱經原書，或後人所增也。戊午夏日，從韓淥卿舍人借
校原本，朱墨間出，莫辨先後，今悉用朱筆錄之，或從《校勘記》
中補入者，綴一「補」字。校畢，書此以志歲月云。長至後三日夬
齋學人張爾耆識。

　　按，韓應陛（1813 / 1815～1860），字鳴唐，一字對虞，號淥卿，清松江
府婁縣（今上海市松江區）人。道光二十四年（1844）舉人，官至內閣中書。
韓氏藏書宏富，鄒百耐《雲間韓氏藏書題識彙錄》共著錄 406 部，多為明清
著名學者如文徵明、趙琦美、毛晉、何焯、惠棟、錢大昕、盧文弨、段玉裁、
沈欽韓等批校題跋本，其中有百餘部得自黃丕烈、汪士鍾等舊藏，另著有《讀
有用書齋雜著》二卷。〔註7〕

　　張爾耆（1815～1889），字符瑞，又字伊卿，號夬齋，清松江府婁縣人，
諸生，出生於詩書門第，家富藏書，仰承家學，幼好鉛槧，世稱「夬齋主
人」，著有《夬齋詩鈔》、《夬齋雜著》、《庚申紀事詩》、《國朝文錄小傳》

---

〔註6〕「張柳泉藏書記」為張爾耆之父張允垂藏書印。張允垂（1773～1836），字升
　　　吉，號柳泉，清松江府婁縣人，嘉慶六年（1806）拔貢，曾任杭州知府，嗜
　　　學，藏書萬餘卷。參引自徐俠《清代松江府文學世家述考》，三聯書店，2013
　　　年，第 854 頁。
〔註7〕鄒百耐《雲間韓氏藏書題識彙錄》，上海古籍出版社，2013 年，第 1 頁。有
　　　關介紹韓應陛生平的文獻不多，主要包括（清）張文虎《舒藝室雜著》乙編
　　　卷上《讀有用書齋雜著序》，清光緒年間刻本；《清史稿》卷 507《韓應陛傳》，
　　　中華書局，1977 年，第 14001～14002 頁；高柯立《國家圖書館藏韓應陛藏
　　　書題跋考釋》，《文獻》2010 年第 4 期，第 75～88 頁；李軍《松江讀有用書
　　　齋韓氏家世考》，《中國典籍與文化》2012 年第 4 期，第 62～70 頁。

等。〔註8〕張氏素愛校書，曾借得惠棟、盧文弨《十三經注疏》手校本八種一一過錄，並作跋文，收於《夬齋雜著》卷上，分別是《周易注疏校本跋》、《尚書注疏校本跋》、《周禮注疏校本跋》、《儀禮注疏校本跋》、《禮記注疏校本跋》、《春秋左傳注疏校本跋》、《公羊傳注疏校本跋》、《穀梁傳注疏校本跋》〔註9〕，其中《周易注疏》過錄的是盧文弨校本，其餘皆是過錄惠棟校本。

　　蔣恕齋，生平不詳。據《雲間韓氏藏書題識匯錄·史部》有宋槧《三國志》殘本九卷，錄有韓應陛手跋云「咸豐己未（1859）秋，得此書於書友蔣恕齋」〔註10〕。王國維《傳書堂藏書志》載有《經典釋文》三十卷（潘艷廷臨諸家校本），後有管古雲跋曰「憶余於道光二十六年（1846）春，曾於坊友蔣恕齋處借得江鐵君所臨惠、段、臧、顧諸家評閱本，亦曾照錄一通」〔註11〕。同書中又有顧炎武《求古錄》鈔本一卷，附有潘秋谷手跋云「是本為書友蔣恕齋所貽，因付重裝，並寫目錄，僅五十四種，或是鈔本脫簡，或《唐岱岳觀雙碑》原作二種，書以俟考。同治丁卯（1867）秋日，潘康保記」〔註12〕。由此可知，蔣恕齋很可能是清末道光、咸豐、同治時期蘇州一帶的藏書家或書商，他十分重視宋本、舊鈔本與名家過錄本，曾與韓應陛、管古雲、潘秋谷等好友切磋藏書與學問，交往密切。

　　據上述序跋可知，韓應陛先從蘇州好友蔣恕齋處得到盧文弨《周易注疏》校本，後於咸豐八年（戊午，1858）被張爾耆借去過錄，韓氏亦收藏張氏過錄本一部。經筆者詳校，中國國家圖書館藏本與湖北省圖書館藏本內容基本一致，差別不大。然二書流傳卻分兩途，前者為清人張作楠收藏，後者與其餘七種惠氏過錄本一併藏於張爾耆家中，後歸湖北省圖書館。

　　張爾耆跋文中指出盧氏《周易注疏》校本所引異文的來源，有錢求赤影宋本《周易注疏》、陸德明《經典釋文》、李鼎祚《周易集解》。而所謂「宋本、古本、足利本」者，實出自日本學者山井鼎《七經孟子考文補遺》；所謂「沈」者，指沈廷芳，即《四庫全書》所收《十三經注疏正字》（題沈廷芳撰），而實際作者是浦鏜；所謂「盧本」者，張爾耆和韓應陛不知所指，遂懷疑此書已非

---

〔註8〕徐俠《清代松江府文學世家述考》，三聯書店，2013 年，第 855 頁。
〔註9〕（清）張爾耆《夬齋雜著》，《北京師範大學圖書館藏稀見清人別集叢刊》第 23 冊，廣西師範大學出版社，2007 年，第 284～287 頁。
〔註10〕鄒百耐《雲間韓氏藏書題識彙錄》，上海古籍出版社，2013 年，第 19 頁。
〔註11〕王國維撰，王亮整理《傳書堂藏書志》，上海古籍出版社，2014 年，第 64 頁。
〔註12〕王國維撰，王亮整理《傳書堂藏書志》，上海古籍出版社，2014 年，第 461 頁。

盧文弨校訂原貌。今按，此「盧本」乃是盧文弨從浦鏜《十三經注疏正字》中轉引而來，實指明人盧復輯《三經晉注》本《周易》，而非指盧文弨，韓應陛與張爾耆的懷疑不可信，詳見後文。

此外，張氏過錄本卷端有小字題記一行，云：

> 明天啟時有錢孫保求赤號匪莪影宋鈔本，與毛氏本科段大不相同，今武英殿本略近之，而亦未全是也。今取以校正，稱錢本，其殿本稱新本。盧文弨識。

此處又指出盧氏的另一種參校本，即清武英殿本《周易注疏》。由於武英殿本參考了文淵閣舊藏宋刻八行本《周易注疏》殘卷，故盧氏稱「今武英殿本略近之，而亦未全是也」。

張氏過錄本卷末有盧氏批校時間云：

> 大清乾隆四十四年，歲在屠維大淵獻，四月十有八日，文弨校。
> 辛丑又五月十一日復細校。

據顧永新考察，盧氏曾利用錢求赤《周易注疏》鈔本全面校勘《周易》經傳注疏，後於乾隆四十四年（1779）獲見日本學者山井鼎、物觀所著《七經孟子考文補遺》，四十五年（1780）又從翁方綱處得見浦鏜《十三經注疏正字》，於是「兼取所長，略其所短，乃復取所校《周易》，重為整頓」，於乾隆四十六年辛丑（1781）成《周易注疏輯正》一書，惜今已不存。〔註13〕此與上述張氏過錄本題識所記時間一致，且過錄本每頁都有相當數量的批校語，足以證明確為盧氏校本。

以上梳理介紹了盧氏《周易注疏》校本的基本情況，下文所引此校本內容，皆據湖北省圖書館藏本。

## 第二節　盧文弨校勘《周易注疏》所據版本

據上述跋文與題識，盧文弨校勘《周易注疏》所使用的版本情況可總結如下：以毛氏汲古閣本《周易兼義》為底本，以錢求赤鈔本《周易注疏》、清武英殿刻本《周易注疏》、山井鼎《七經孟子考文補遺》中的古本、足利本、宋本為主要參校本。〔註14〕關於這些版本本身及盧氏的使用情況，學界

---

〔註13〕顧永新《錢求赤鈔本〈周易注疏〉考實》，《文獻》2018 年第 1 期，第 52～65 頁。

〔註14〕此外，盧氏《周易注疏》校本中還出現少量萬本、正嘉本、神廟本、盧本的

雖有一定研究〔註15〕，然仍可作進一步探討。今擬在已有成果的基礎上，以尚未被學界使用的盧氏《周易注疏》校本為中心，就若干問題做進一步細化與補充。

## 一、錢求赤鈔本《周易注疏》

有清一代，《周易》之宋刻經注本、單疏本和注疏合刻本（即南宋「八行本」與「十行本」）已經極為稀有，絕少有人寓目。而明末清初蘇州藏書家錢求赤〔註16〕有一部《周易注疏》鈔本（以下簡稱「錢本」），盧文弨曾得見之。據上文題識，盧氏將錢本與毛氏汲古閣本（以下簡稱「毛本」）、清武英殿本（以下簡稱「殿本」）對勘，發現錢本與毛本內容科段大不相同，卻與殿本略近之，因而認定錢本保存了宋刻本的文字與款式，判定為「影宋鈔本」，成為他批校《周易注疏》的主要參校本。而後學者對錢本的看法，幾乎眾口一辭，皆沿襲盧氏之說。如臧庸《拜經堂文集》卷二《刻呂氏〈古易音訓〉序》云：「錢求赤影宋本《易疏》。」〔註17〕吳騫《愚谷文存》卷四《唐長孫無忌等進五經正義表跋》、其子壽暘《拜經樓藏書題跋記》卷一《群經小學·周易兼義》亦云：「錢孫保求赤影鈔宋本。」〔註18〕葉德輝《書林清話》卷九《國朝阮元

---

異文。萬本即明萬曆北監本《周易兼義》，正嘉本即明正德間補修本《十三經注疏》與嘉靖李元陽閩本《十三經注疏》，經筆者核對，這兩種版本異文乃是盧氏轉引自山井鼎《考文》而來。至於神廟本和盧本，詳見後文。

〔註15〕主要研究成果有谷繼明《〈周易注疏〉版本流變及阮刻〈周易正義〉補議》，《周易研究》2010 年第 4 期，第 39～47 頁；王寧《盧文弨〈周易注疏〉校勘研究》第二章第二節《盧文弨校勘〈周易注疏〉所據的主要版本》，山東大學碩士學位論文，2016 年，第 16～20 頁；張學謙《〈周易注疏校勘記〉編纂考》，《版本目錄學研究》第 7 輯，北京大學出版社，2016 年，第 307～330 頁；顧永新《〈周易〉注疏合刻本源流系統考——基於乾卦經傳注疏異文的完全歸納法》，《儒家典籍與思想研究》第 9 輯，北京大學出版社，2017 年，第 18～44 頁；顧永新《錢求赤鈔本〈周易注疏〉考實》，《文獻》2018 年第 1 期，第 52～65 頁。

〔註16〕錢孫保（1624～？），又名容保，字求赤，號匪庵，別號木訥逸人、木訥野人，明末清初蘇州常熟人，為錢謙益從弟謙貞之長子。錢氏藏書頗豐，多有校跋。藏書室名「懷古堂」、「竹深堂」，藏印有「錢求赤讀書記」、「彭城」、「匪庵」、「錢孫保一名容保」、「錢孫保字求赤」、「孫保」、「錢氏校本」、「天啟甲子」、「求赤氏」、「錢印孫保」等。

〔註17〕（清）臧庸《拜經堂文集》卷二《刻呂氏〈古易音訓〉序》，《續修四庫全書》第 1491 冊，上海古籍出版社，2002 年，第 511 頁。

〔註18〕（清）吳騫《愚谷文存》卷四，清嘉慶十二年（1807）刻本。（清）吳壽暘《拜

刻十三經注疏本之優劣》亦認為阮元《周易注疏校勘記》中的「錢本」當是「盧文弨傳錄明錢孫保求赤校影宋注疏本。」〔註19〕黃焯先生《經典釋文彙校・前言》亦云：「阮元《周易釋文校勘記》於『易乾』下引『宋本乾作𠦳』，蓋依盧文弨所據明錢求赤影鈔宋本為言。」〔註20〕可惜錢本今已不存，遂不知盧氏所言是否屬實。

　　近來顧永新藉助盧氏《群書拾補・周易注疏校正》與阮元《周易注疏校勘記》所保存的錢本異文、陳鱣舊藏宋刻宋元遞修八行本《周易注疏》所鈔配的錢本部分〔註21〕（以下簡稱「陳本」）及清人藏書題跋等材料，對錢本進行了詳細考察，最大程度復原其本來面貌，可謂嘉惠學林，最終得出：「錢本並非影宋鈔本，而是以宋刻宋元遞修八行本和明萬曆北監本為主體，兼及單疏本和經注本，匯校各本異文重構而成的、新的校定本。」〔註22〕此觀點甚有見地。據筆者翻閱，盧氏《周易注疏》校本中有大量如「錢本俱頂格」「錢本連上段」「錢本此在……注下」「錢本至……皆相連」「錢本連前經注」「錢本作某」等不見於他書的批校語，透漏出諸多有關錢本行款與文字的信息，可據此作補充討論。

## （一）錢本卷首的《五經正義表》、《周易正義序》、《八論》來自單疏本《周易正義》

　　清人陳鱣曾購得宋刻宋元遞修八行本《周易注疏》，前有《五經正義表》、《周易正義序》、《八論》，轉鈔自錢本。〔註23〕而日本足利學校藏今存唯一一部宋刻宋印八行本《周易注疏》（以下簡稱「日藏八行本」）卷前卻無這三部分。〔註24〕王寧主張錢本這三部分乃是據單疏本《周易正義》鈔錄。

　　　　經樓藏書題跋記》卷一，清道光二十七年（1847）刻本。
〔註19〕（清）葉德輝《書林清話》，中華書局，1957年，第247頁。
〔註20〕黃焯《經典釋文彙校》，武漢大學出版社，2008年，第4頁。
〔註21〕清人陳鱣曾購得宋刻宋元遞修八行本《周易注疏》，但缺卷首和卷一，陳氏從周錫瓚處借得錢本鈔錄補全，故陳本卷首《五經正義表》、《周易正義序》、《八論》及卷一大體上就是錢本的鈔錄本。陳本即《中華再造善本・唐宋編》影印國家圖書館藏宋兩浙東路茶鹽司刻宋元遞修本《周易注疏》。
〔註22〕顧永新《錢求赤鈔本〈周易注疏〉考實》，《文獻》2018年第1期，第52～65頁。
〔註23〕（清）陳鱣《經籍跋文・宋版周易注疏跋》，《叢書集成初編》本，中華書局，1985年，第2頁。
〔註24〕日本足利學校藏宋刻八行本《周易注疏》，《域外漢籍珍本文庫》第4輯經部第1冊，西南師範大學出版社，2008年，第1頁。

〔註 25〕顧永新亦指出「陳氏以為《進表》冠於八行本卷首，則非也，陳本卷首《進表》或出自單疏本。因為他未見單疏本，所以無從推斷《進表》之為八行本抑或單疏本所有。」〔註 26〕李霖亦論證了錢本卷首三部分並非出自八行本，而是來自單疏本。〔註 27〕以上三家觀點大致相同，皆認為錢本的《五經正義表》、《周易正義序》、《八論》來自單疏本《周易正義》，而非宋刻八行本。盧氏《周易注疏》校本的《周易正義序》和《八論》部分既引述錢本異文，又記錄錢本行款，可作補充說明。如下：

1. 唐國子祭酒上護軍曲阜縣開國子臣孔穎達奉勅撰定（序／1b／2）錢本字不收小，無「唐」字，「穎達」二字微小，「勅」與「國」字並，上空三格，卷一首以下並同。〔註 28〕

2. 毛本第四行起每行上皆空一格（序／1b／4）錢本俱頂格。

3. 行必協陰陽（序／1b／6）錢本「協」作「叶」。

4. 輔嗣之註（序／2b／9）錢本「註」作「注」，下同。

5. 「今既奉敕」不提行（序／2a／9）錢本「敕」作「勅」，下同。另提一行。

6. 考察其事（序／2a／9）錢本「察」作「案」。

7. 大學博士臣馬嘉運（序／3b／3）錢本「大」作「太」，下同。

8. 人名「嘉運」「乾葉」「德融」「弘智」字體與正文同（序／3b／4、6）錢本人名略小。

9. 「又奉敕」不提行（序／3b／5）錢本作「勅」，提行。

10. 周易正義卷第一（序／3b／9）錢本無此行。

11. 自此下分為八段（序／3a／1）前一行錢本有「八論」二字。此八論題目，錢本作八行。

12. 「第一論易之三名」上空一格（序／3a／6）「第一」起，錢本俱頂格。

---

〔註 25〕王寧《盧文弨〈周易注疏〉校勘研究》，山東大學碩士學位論文，2016 年，第16～18 頁。

〔註 26〕顧永新《錢求赤鈔本〈周易注疏〉考實》，《文獻》2018 年第 1 期，第 58 頁。

〔註 27〕李霖《宋本群經義疏的編校與刊印》，中華書局，2019 年，第 231～232 頁。

〔註 28〕為行文簡潔，文中凡引用盧文弨《周易注疏》校本處，皆以毛本「卷／葉面／行」表示引文位置，如「序／1b／2」表示毛本《周易正義序》第一葉右面第二行。「卷／葉面／行」前是毛本文字，後是盧氏校語，下皆仿此，不一一贅述。

13. 蘊邪（序／4a／3）錢本「蘊」作「縕」。

14. 上下無常（序／4a／6）錢本「無」作「无」，下同。

15. 易簡之義（序／5b／4）錢本「易簡」作「簡易」。

16. 兼三才（序／8a／5、6）錢本「才」作「材」。

17. 「周曰周易」下無空格（序／9a／3）錢本空一格。

18. 所以卦辭（序／10a／1）錢本亦有「所」。

19. 文武之時（序／11b／5）錢本「武」作「王」。

20. 區域各別（序／12a／3）錢本「各」作「分」。

21. 序末（序／14a／7）錢本有「計五千三百六十七字」。

以上盧氏記錄錢本行款 10 處，異文 11 處，皆與陳本相同（除第 19 條外，陳本作「文武之時」）。盧氏《群書拾補》卷前還鈔錄錢本《五經正義表》，亦與陳本一致〔註 29〕。將錢本、陳本的《五經正義表》、《周易正義序》、《八論》與今存唯一一部單疏本《周易正義》（中國國家圖書館藏）〔註 30〕對校，發現不同有三：

其一，盧氏指出錢本《周易正義序》中的 4 處人名字體略小，盧氏據錢本鈔錄的《五經正義表》中的人名共計 24 個，字體亦比正文略小，如「志寧」「季輔」「遂良」「那律」「伯莊」「士弘」等。〔註 31〕陳本《五經正義表》、《周易正義序》中人名亦皆略小。而中國國家圖書館藏單疏本《五經正義表》、《周易正義序》中人名字體與正文一致，皆不略小。人名略小為唐宋時期《五經正義表》、《周易正義序》之舊式，中國國家圖書館（以下簡稱「國圖」）單疏本當係後人所改。

其二，錢本、陳本《五經正義表》、《周易正義序》、《八論》與國圖單疏本存在異文。如錢本、陳本《五經正義表》作「尚書右僕射……臣志寧」，國圖單疏本作「尚書左僕射……臣志寧」；錢本、陳本《五經正義表》作「運玉衡」，國圖單疏本作「運王衡」；錢本、陳本《周易正義序》作「太學博士臣馬嘉運，

---

〔註 29〕（清）盧文弨《群書拾補・五經正義表》後云：「此表《文苑英華》不載，見明錢孫保求赤影鈔宋本《周易注疏》首，今所傳梓本皆無之，故備載於此。元本半葉九行，每行十七字。」陳本《五經正義表》則據宋刻八行本款式改為每半葉八行，行十九字。

〔註 30〕單疏本《周易正義》僅存世一種，傅增湘舊藏，即《中華再造善本・唐宋編》影印國家圖書館藏宋刻遞修本，以下簡稱「國圖單疏本」。

〔註 31〕（清）盧文弨《群書拾補・五經正義表》，陳東輝主編《盧文弨全集》第 1 冊，浙江大學出版社，2017 年，第 3 頁。

太學助教臣趙乾葉」，國圖單疏本皆作「大學」；錢本、陳本《第三論》「周曰周易」下空一格，國圖單疏本則無空格；錢本、陳本《第六論》作「區域分別」，國圖單疏本作「區域各別」等。

其三，盧氏所述的錢本《周易正義序》、《八論》款式，無「周易正義卷第一」行、有「八論」二字行，陳本同。而國圖單疏本則有「周易正義卷第一」行、無「八論」二字行，十行本系統各本〔註32〕亦同，皆與錢本不一致。

綜上，筆者推測錢求赤鈔錄的《五經正義表》、《周易正義序》、《八論》所據的單疏本似是他自己的收藏本〔註33〕，此本與國圖單疏本存有差異，很可能不是同一版本；亦有可能是錢求赤意圖復原宋刻八行本原貌，對鈔錄的《五經正義表》、《周易正義序》、《八論》文字與款式略作修整。〔註34〕

## （二）錢本與宋刻八行本的卷數、分卷起止和篇名一致

盧氏《周易注疏》校本中保存了錢本的分卷起止：

1. 周易兼義上經乾傳卷第一（1／1b／1）周易注疏卷第一，次題銜名俱與首同，依錢本改。
2. 坤（1／28a／6）周易注疏卷第二，錢本分卷，次行有孔銜名，同前。
3. 師（2／11a／8）周易注疏卷第三，錢本。
4. 大有（2／45b／6）周易注疏卷第四，錢本。
5. 復（3／30b／7）周易注疏卷第五，錢本，宋同。
6. 周易兼義下經咸傳卷第四（4／1b／1）周易注疏卷第六，錢本。

---

〔註32〕十行本系統各本《周易兼義》是指元刻十行本、永樂本、元刻明修十行本、阮刻本、閩本、監本、毛本等，詳見顧永新《〈周易〉注疏合刻本源流系統考——基於乾卦經傳注疏異文的完全歸納法》，《儒家典籍與思想研究》第9輯，北京大學出版社，2017年，第21～37頁。

〔註33〕據陳鱣所藏宋刻宋元遞修本《周易注疏》卷首過錄的錢求赤題記曰：「予所獲單疏本一，注疏合刻一，又單注本二，皆宋刻，最精好完善者，真天下之至寶也。……庚戌（康熙九年，1670）十二月甲午日記。」

〔註34〕錢本《五經正義表》、《周易正義序》、《八論》與國圖單疏本存在不同之處，其緣由或許還有一種可能：雖然單疏本不同版本之間會存在文字差異，亦有可能存在人名略小的單疏本，但單疏本的整體款式應當一致，如皆有「周易正義卷第一」行，無「八論」二字行，而錢本則無「周易正義卷第一」行，有「八論」二字行，錢氏所據的八行本是經過宋元遞修的後印本，與陳本略同，因而還有可能是八行本在宋元遞修時對這三部分文字與款式略有改動，錢氏承襲而來，然此說並無明顯證據，尚存疑。

7. 損（4／42b／2）周易注疏卷第七，錢本。

8. 鼎（5／33b／4）周易注疏卷第八，錢本。

9. 旅（6／6b／9）周易注疏卷第九，錢本。

10. 周易兼義卷第七，周易繫辭上第七（7／1b／1、4）周易注疏卷第十，國子祭酒兩行同前，錢本。錢本頂寫「周易繫辭上」，無「第七」二字，宋同。錢「序卦第十」、「雜卦第十一」皆與此本同。

11. 疏正義曰（7／22b／5）周易注疏卷第十一，又孔銜兩行，錢本。

12. 周易兼義卷第八，周易繫辭下第八（8／1b／1、4）周易注疏卷第十二，周易繫辭下，錢本。

13. 周易兼義卷第九，周易說卦第九（9／1b／1、4）周易注疏卷第十三，周易說卦，錢本。

14. 周易序卦第十（上空一格）（9／13b／3）錢頂格，餘皆與此本同，前後不畫一，宋板同。

15. 周易雜卦第十一（上空一格）（9／18a／6）錢頂格，餘同。

由上，錢本與日藏八行本、陳本皆分十三卷，分卷起止亦一致。此外，毛本卷七、卷八、卷九，錢本篇名作「周易繫辭上」、「周易繫辭下」、「周易說卦」，無「第七」、「第八」、「第九」二字，國圖單疏本作「周易繫辭上第七」、「周易繫辭下第八」、「周易說卦第九」，十行本系統各本同。唯日藏八行本、陳本與錢本一致，可見錢本篇名與宋刻八行本悉同。

### （三）錢本與宋刻八行本的疏文分合及起止語相同

由於單疏本《周易正義》沒有經注文，故於每節疏文之前加以經注文起止語，以方便尋檢。至八行本《周易注疏》合經、注、疏文為一，即依據單疏本所標的經注文起止語，將疏文分附於每節經注文之下，並將解經的疏文起止語刪去，僅保留解注的疏文起止語，每節疏文先釋經，後解注，此為八行本獨有之體例。核對盧氏《周易注疏》校本所引的錢本信息，基本與宋刻八行本一致。

如：

注龍德在天（1／7a／3／疏）錢本「注不行至亦宜乎」，凡單疏一二語者，錢本皆概舉起訖，恐未是。

此句出自《周易‧乾卦》經文「九五：飛龍在天，利見大人」疏文部分。毛本

割裂疏文，並刪注文起止語。盧氏據錢本增補，與日藏八行本、陳本一致。然盧氏卻懷疑錢本「恐未是」，顯然沒有見單疏本與八行本，不明八行本釋經注之體例。

又：

> 象曰六二之動直以方也（1／33b／5／經）錢本「象曰」兩段皆連爻辭，下並倣此。

此句出自《周易・坤卦》，《坤卦》共有象辭 8 段，爻辭 7 段。明刻諸本（如閩、監、毛本）每段都提行，次行皆低一格。而日藏八行本和陳本 15 段皆上下相連，不提行，俱頂格。據盧氏所言，錢本象辭連爻辭，不提行，可見錢本不同於明刻本，保存了八行本舊式。

又：

> 正義曰古者包羲至取諸夬（8／5a／5／疏）此在「取諸離」注下，此章分十二段。

此句出自《周易・繫辭下》第二章，經文為「古者包羲……取諸夬」。日藏八行本、陳本皆分此章經注文為 12 段，疏文分置於各段經注文之後。而十行本系統各本則離析為 15 段，亦相應割裂疏文附於每句經注文之下，還把第 1 段經注文的部分疏文移至此章開頭，妄增「古者包羲至取諸夬」八字，殊為荒謬。盧氏所云與日藏宋刻八行本、陳本同，可見錢本分段與八行本一致。

## （四）錢本經過校勘，存有舊校語

陳本卷首有陳鱣識語云：

> 「此所以重錢」，是本（錢本）作「重體」；「故交其錢」，是本作「其體」。下方朱筆校云：「二『體』字，宋作『錢』。」……斯類甚多。且既係影宋鈔本，而求赤校語又何以云「宋作某」，皆屬可疑。

陳氏發現錢本存有舊校語，故懷疑其「影鈔宋本」的性質，此角度十分敏銳，正切中要害。盧氏《周易注疏》校本中亦見此條校語：

如：

> 重體，交其體（1／3b／7、8／疏）舊校云：二「體」字，宋作「錢」。

盧氏所云「舊校」應是錢氏舊有的校勘語，以此為線索，查閱盧氏《周易注疏》校本的有關信息。又：

> 自求口食（3／44b／9／經）舊「實」。

此條出自《周易・頤卦》經文，《周易》撫本〔註 35〕、建本〔註 36〕、岳本〔註 37〕、日藏八行本、陳本、永樂本〔註 38〕、元刻十行本〔註 39〕、阮刻本〔註 40〕、殿本〔註 41〕皆作「求口實」，而元刻明修十行本〔註 42〕、閩本、監本、毛本作「求口食」。宋刻諸本作「實」，而明刻諸本卻作「食」，故錢氏很可能據宋本校勘。

又：

> 變動相和（9／3a／7／注）舊「相生」。

此條出自《周易・說卦》注文，《周易》撫本、建本、岳本、日藏八行本、陳本、殿本作「相生」，而永樂本、元刻十行本、元刻明修十行本、阮刻本、閩本、監本、毛本作「相和」。宋刻諸本皆作「生」，明刻諸本卻作「和」，可見錢氏據宋本校勘。

由上，盧氏所記錢本舊有校語雖不多，但足以說明錢本很可能非如清人所言「影宋鈔本」。

### （五）錢本文字來源頗為混雜

顧永新使用 13 種《周易》不同版本匯校《周易・乾卦》經傳注疏文字異同，得出「八行本和明監本共同構成了錢本異文的主體部分，二者所佔份額大體相當，此外間有單疏本和經注本的異文。」〔註 43〕盧氏《周易注疏》校

---

〔註 35〕《四部叢刊初編》影印宋淳熙撫州公使庫刻《周易》經注本，以下簡稱「撫本」。

〔註 36〕《中華再造善本・唐宋編》影印國家圖書館藏宋建陽坊刻《周易》經注附《釋文》本，以下簡稱「建本」。

〔註 37〕《中華再造善本・金元編》影印國家圖書館藏元相臺岳氏荊谿家塾刻《周易》經注附《釋文》本，以下簡稱「岳本」。

〔註 38〕《原國立北平圖書館甲庫善本叢書・永樂二年刻本〈周易兼義〉》，國家圖書館出版社，2013 年，以下簡稱「永樂本」。

〔註 39〕美國加利福尼亞大學伯克利分校藏元刊十行本《周易兼義》，以下簡稱「元刻十行本」。

〔註 40〕（清）阮元校刊《周易兼義》，浙江大學出版社，2014 年，以下簡稱「阮刻本」。

〔註 41〕《武英殿本十三經注疏》影印天津圖書館藏清武英殿刊本《周易注疏》，線裝書局，2013 年，以下簡稱「殿本」。

〔註 42〕《中華再造善本・金元編》影印北京市文物局藏元刊明修本《周易兼義》，以下簡稱「元刻明修本」。

〔註 43〕顧永新《〈周易〉注疏合刻本源流系統考——基於乾卦經傳注疏異文的完全歸納法》，《儒家典籍與思想研究》第 9 輯，北京大學出版社，2017 年，第 25 頁。

本中有諸多錢本異文，部分不見於《周易注疏校勘記》和《周易注疏校正》，今以毛本卷四為例來考察。

　　盧氏校勘《周易》使用次數最多的是錢本和《七經孟子考文補遺》中的宋本（即日藏八行本）〔註44〕，故錢本異文大致可分兩類：一是錢本與宋本相同，盧氏或曰「錢某，宋同」，或曰「宋某，錢同」，或曰「錢、宋某」；二是錢本與宋本不同，盧氏或僅曰「錢某」；或僅曰「宋某」；或曰「錢某，宋某」。據筆者統計，毛本卷四盧氏共引錢本異文 79 處，其中與宋本相同的有 69 處，不同的有 10 處，今列表於次。

　　錢本與宋本相同者。鑒於《周易注疏校勘記》與《周易注疏校正》已載 46 條，故僅列不見於二書的條目，共 23 條，見下表：

| 毛本卷四葉／面／行 | 盧氏校本引錢本異文 | 日藏宋刻八行本 | 陳　本 |
|---|---|---|---|
| 2／a／9／疏：無所棄遺 | 錢「棄」 | 棄 | 棄 |
| 7／b／9／注：往無窮也 | 「也」，錢「極」 | 極 | 極 |
| 8／a／6／注：所定無恒 | 錢「无」 | 无 | 无 |
| 9／b／1／疏：德既無恒 | 錢「无」 | 无 | 无 |
| 16／b／1／注：居于大壯 | 錢「於」 | 於 | 於 |
| 16／b／9／疏：于易不于險 | 錢「於」，下同 | 於 | 於 |
| 16／a／8／注：固志在三 | 「三」，錢「一」 | 一 | 一 |
| 17／a／2／注：所以在貴 | 「以」，錢「之」 | 之 | 之 |
| 19／b／4／注：以斯間乎 | 「間」，錢「聞」 | 聞 | 聞 |
| 19／b／8／疏：晉如愁 | 「晉」，錢「進」 | 進 | 進 |
| 22／b／4／疏：莝目 | 錢「垂」，下同 | 垂 | 垂 |
| 22／b／5／疏：以莝 | 「莝」，錢「茌」 | 茌 | 茌 |
| 26／b／7／注：身無擇行 | 錢「无」 | 无 | 无 |
| 26／b／9／注：互而 | 錢亦作「而」 | 而 | 而 |
| 27／a／2／疏：雖懂 | 「懂」，錢「歡」 | 歡 | 歡 |
| 28／a／1／注：著於外 | 錢「于」 | 于 | 于 |
| 29／a／8／疏：大矣哉 | 錢亦無「者」，當有 | 無「者」 | 無「者」 |
| 30／b／5／注：與人合 | 「人」，錢「四」 | 四 | 四 |
| 33／b／8／疏：至於治 | 「治」，錢「洽」 | 洽 | 洽 |

〔註44〕（日）山井鼎、物觀《七經孟子考文補遺》，國家圖書館出版社，2016 年。

| | | | |
|---|---|---|---|
| 38／b／2／注：吉者 | 「者」，錢「也」 | 也 | 也 |
| 45／b／6／注：化醇 | 「醇」，錢「淳」 | 淳 | 淳 |
| 50／a／1／注：國王 | 「王」，錢「主」 | 主 | 主 |
| 51／a／7／注：固不待 | 「固」，錢「故」 | 故 | 故 |

而錢本與宋刻八行本不同者，共 10 條，見下表：

| 毛本卷四葉／面／行 | 盧氏所引錢本異文 | 撫本 | 建本 | 岳本 | 單疏本 | 日藏八行本 | 陳氏本 | 永樂本 | 元刊本 | 元刻明修本 | 阮刻本 | 閩本 | 北監本 | 殿本 |
|---|---|---|---|---|---|---|---|---|---|---|---|---|---|---|
| 2／b／7／疏：應化 | 錢「應化」 | | | | 變化 | 變化 | 變化 | 應化 | 應化 | 應化 | 應化 | 應化 | 應化 | 變化 |
| 6／a／1／疏：釋訓 | 宋「訓釋」，錢倒 | | | | 訓釋 | 訓釋 | 訓釋 | 釋訓 | 釋訓 | 釋訓 | 釋訓 | 釋訓 | 釋訓 | 訓釋 |
| 8／b／3／注：縕漸 | 錢「蘊漸」 | 縕漸 | 蘊漸 | 蘊漸 | 縕漸 | 縕漸 | 縕漸 | 縕漸 | 縕漸 | 縕漸 | 縕漸 | 縕漸 | 縕漸 | 縕漸 |
| 24／b／4／注：隨時 | 宋「雖」，錢「隨」 | 雖時 | 雖時 | 雖時 | 雖時 | 雖時 | 雖時 | 雖時 | 隨時 | 隨時 | 隨時 | 隨時 | 隨時 | 雖時 |
| 38／b／3／疏：正義曰 | 錢「象曰」 | | | | | 正義曰 | 正義曰 | 正義曰 | 正義曰 | 正義曰 | 正義曰 | | | |
| 38／a／3／注：拆也 | 錢無「也」 | 拆也 | 拆也 | 拆也 | 拆也 | 拆也 | 拆也 | 拆也 | 拆也 | 拆也 | 拆也 | 拆也 | 拆也 | 拆也 |
| 42／b／7／疏：无咎 | 錢「咎」，宋「過」 | | | | 无過 | 无過 | 无過 | 无咎 | 无咎 | 无咎 | 无咎 | 无咎 | 无咎 | 无過 |
| 44／a／8／疏：守正 | 錢「中正」 | | | | 守正 | 守正 | 中正 | 守正 | 守正 | 守正 | 守正 | 守正 | 守正 | 守正 |
| 44／a／9／疏：益之 | 錢無「之」 | | | | 益之 | 益之 | 益之 | 益之 | 益之 | 益之 | 益之 | 益之 | 益之 | 益之 |
| 46／a／8／疏：同也 | 錢無「也」 | | | | 同也 | 同也 | 同也 | 同也 | 同也 | 同也 | 同也 | 同也 | 同也 | 同也 |

　　由上表，錢本與宋刻八行本文字相同者 69 處，占此卷錢本異文總數的絕大部分，足以說明錢氏使用了宋刻八行本進行校勘。然錢本不同與宋刻八行本的文字亦有 10 處，可見錢氏還使用了其他版本。通過匯校 13 種《周易》版本文字異同，可梳理出這 10 處異文之來源。

　　第 1、2、4、7 條，錢本不同於宋刻諸本（撫本、建本、岳本、單疏本、

日藏八行本和陳本），而與明刻諸本同，尤其與明監本一致。明監本為當時的通行本，錢氏亦曾提及「明興諸監本，亦可資校勘之用」，可見錢氏使用了明監本為參校本。

第 3 條，錢本獨與宋刻經注本（建本）一致，與其餘版本皆不同，暗示出錢氏還參考了宋刻經注本，印證了錢氏題記中所說的「又單注本二」。〔註 45〕

第 8 條，錢本與其他版本皆不同，卻獨與陳本一致。日藏八行本為宋刻宋印本，陳本是宋刻宋元遞修的後印本。〔註 46〕此條錢本唯與陳本同，透露出錢本所據的宋八行本大致與陳本類似，為宋元遞修後印本，而非宋刻初印本。

第 6、9、10 條，錢本與所有版本皆不同。此三處錢本闕「也」、「之」字，皆為句末或句中語氣虛詞，極有可能是錢氏在鈔校過程中無意間造成的文字脫落。

第 5 條稍微複雜。宋刻八行本《周易注疏》每節經注文上下相連，不提行，疏文則一併附於後，以「經文+者」句式為開頭解釋每句經文。如第 5 條出自《解卦》，宋八行本經文「解利西南」與「無所往其來復吉」上下相連，疏文解釋後一句經文時，先云「無所往者」。而十行本破壞八行本之舊式，將疏文割裂，附於每句經注文之下，開頭增「正義曰」。錢氏依據八行本鈔校此段疏文時不慎出錯，誤加「象曰」（此節經文中無「象曰」二字）。盧氏據武英殿本明晰八行本與十行本之區別，糾正錢本訛誤，云「錢『象曰』，誤，新無」。此為錢氏校勘過程中無意造成的錯誤，而非版本之間的異文。

以上從行款、分卷、注疏分合與起止語、錢氏舊校語、錢本異文來源等方面探討了錢本的文本構成。錢本的《五經正義表》、《周易正義序》、《八論》來源於單疏本，保存了宋本舊式；錢本與宋八行本分卷起止與篇名一致；錢本在疏文分合及起止語與宋八行本相同；錢本經過校勘，保留了錢氏

〔註45〕陳本卷前錄有錢求赤康熙九年（1670）題記云：「予所獲單疏本一，注疏合刻一，又單注本二，皆宋刻，最精好完善者，真天下之至寶也。」此「單注本二」中很有可能就有建本。另，臺灣「國家圖書館」藏有一部南宋福建刻本《纂圖互注周易》，此處亦作「蘊漸」，與錢本同。此本的藏書印有「周印／錫瓚」白文方印，可知曾被蘇州藏書家周錫瓚收藏，而錢求赤鈔本亦為周錫瓚藏品，故此《纂圖互注周易》極有可能是錢氏所云「單注本二」的另一本。
〔註46〕顧永新《錢求赤鈔本〈周易注疏〉考實》，《文獻》2018 年第 1 期，第 63 頁。

原有的校語；錢本文字雖多與宋八行本合，亦有參考明監本、宋刻經注本、單疏本；同時錢氏在鈔校過程中存在不慎致誤的現象，或脫字，或增字，由此可見錢本文本來源之複雜。由上，筆者贊同顧永新的觀點：「錢本不是單純地依照某一版本影鈔而來的，並非如清人所謂『影宋鈔本』，而是以八行本的卷次、體式為綱目，以八行本和監本為文本基礎，廣校眾本，擇善而從，重構而成的新校定本。」〔註47〕上述考察可作進一步補充，豐富我們對錢本的認識。

### （六）盧氏對錢本的利用與態度

一方面，盧氏頗重視錢本，多據以訂毛本訛誤，補毛本脫漏，恢復宋八行本的分卷與疏文分合等舊式。

訂毛本訛誤者。如：

> 曆數時會存乎變也（5／30b／6／注）歷，疏同，此依錢。

補毛本脫文者。如：

> 其宜也（4／4b／2／注）疏脫，據錢補。《正義》曰：「『咸其股執其隨往吝』者，九三處二之上，轉高至股。股之為體，動靜隨足，進不能制足之動，退不能靜守其處。股是可動之物，足動則隨，不能自處，常執其隨足之志，故云『咸其股執其隨』。施之於人，自無操持，志在隨人，所執卑下，以斯而往，鄙吝之道，故言『往吝』。」

此段疏文，十行本系統各本皆脫，盧氏據錢本補之，與陳本、日藏八行本、單疏本同。

恢復宋八行本舊貌者。如：

> 彖曰大哉乾元萬物（1／8a／2／經）錢本經注皆相連，此下兩條在此，後疏。

此句出自《周易·乾卦》彖辭，毛本的經注文共 3 段，疏文亦分 3 段，分置於各段經注之下。盧氏將毛本第一段疏文「彖曰大哉乾元至各正性命」刪去，作「正義曰」，第二段疏文「正義曰」改為「保合大和乃利貞者」，第三段疏文「正義曰」改為「首出庶物萬國咸寧者」。日藏八行本此節經注文 3 段皆相連，疏文 3 段亦上下相連，置於經注文之後。第 1 段疏文前有「正義曰」，第 2、3 段前有「經文＋者」句。盧氏所云錢本與日藏宋刻八行本同，沿襲宋八行本

---

〔註47〕顧永新《〈周易〉注疏合刻本源流系統考——基於乾卦經傳注疏異文的完全歸納法》，《儒家典籍與思想研究》第 9 輯，北京大學出版社，2017 年，第 27 頁。

之舊式。

另一方面，錢本雖勝毛本甚多，但不是沒有任何問題，對於錢本的錯誤之處，盧氏並不盲從，亦多次訂正訛誤。如：

> 退則困險（1／45a／3／注）錢作「困退用險」，訛。

然亦有錢本無錯，盧氏誤判者。如：

> 正義曰六四井甃无咎者（5／27b／9／疏）後七字錢無，下五字
> 當有，「六四」二字例不出。

盧氏雖據《周易》疏文的分合體例推斷後五字當有，「六四」二字可無。然畢竟未見過宋刻八行本，宋刻八行本疏文解釋首句經文時，直云「正義曰」，無「經文＋者」句（從第二句經文才有），錢本與宋八行本同，盧氏判斷錯誤。

綜上，盧氏雖對錢本評價較高，然亦有懷疑否定之處，可見盧氏不佞古，並非一味信從錢本，顯示出「實事求是」嚴謹的校勘態度，這豐富了我們對盧氏校勘過程的認識。

## 二、清武英殿刻本《周易注疏》

清武英殿刻本《周易注疏》十三卷，附《略例》一卷。此本《晉卦》之前所據為文淵閣舊藏宋八行本殘卷，其餘則為明監本。而就其款式體例來看，與宋八行本多一致。鑒於學界對殿本已有比較全面的認識，以下僅作一些補充說明。

關於盧文弨對殿本（盧氏校本中稱「新本」）之態度與利用情況，王寧已作詳細考察，所得主要有二：一是盧氏對殿本讚譽頗多，尤其是體例方面值得稱道，然亦有不滿之處；二是盧氏參考殿本《考證》之處並不多。〔註48〕此結論是否成立？盧氏如何具體利用殿本？分析於下。

首先，縱觀盧氏《周易注疏》校本中所引殿本信息，可知盧氏對殿本最主要的利用方式是列異文。以毛本卷一、卷五為例，卷一共列殿本異文22處，卷五18處。具體可分八類：

僅列殿本異文者。如：

> 擁隔（5／10a／2／疏）新作「壅」。

比勘宋本、錢本、殿本異文者。如：

---

〔註48〕王寧《盧文弨〈周易注疏〉校勘研究》，山東大學碩士學位論文，2016年，第19～21頁。

為疑四與三（5／12a／4／疏）宋「謂」，錢同，新「為」。

肯定殿本者。如：

五與二也（1／25a／9／疏）新作「三」，是。

言二所多譽者（8／29b／8／疏）「所」下有「以」，依新改。

否定殿本者。如：

何以參兩為目奇耦者（9／2a／7／疏）新「目為」，非。

正義曰有慶者（4／20a／6／疏）「曰」下有「往」，新添。文弨案，疏讀「失得勿恤往」為句，故此上無「往」字。

先肯定後又否定殿本者。如：

斯賤之役（6／7a／4／疏）「賤」上有「卑」，新本，據疏應有。
疏非，《困學紀聞》引無「卑」字。

指出殿本與宋八行本一致者。如：

象不言困（5／23a／3／疏）新改「象不」為「應亦」，依錢本、宋本。

指出殿本與古本相同者。如：

已為正配（5／12b／6／注）古「妃」，新同。

指出殿本據李鼎祚《周易集解》改動者。如：

利用之道由安其身（8／13a／7／注）「由」，新「皆」，從李。

由上，或僅列異文、或肯定、或否定、或考察異文來源、或指出改動依據，足見盧氏從多方面對殿本進行了比較全面的考察與利用。

其次，盧氏對殿本後附《考證》的引用與態度情況。王寧認為盧氏引據《考證》條目不多的原因是「盧氏的出校原則和《考證》的校勘價值有關」〔註49〕，並總結出四個方面：盧氏對郭京等人之說頗不以為然；盧氏主要是對注疏進行校勘，與毛居正等人重視經文不同；基於前人研究成果，盧氏對《考證》所引的石經不復引；盧氏亦不參考《考證》引用的《釋文》和參照上下文義進行分析的條目。今據盧氏《周易注疏》校本所引《考證》條目以驗證之。

盧氏《周易注疏》校本引《考證》條目確實甚少，僅四條，三條標以「新校云」，另一條為暗引。

────────────────

〔註49〕王寧《盧文弨〈周易注疏〉校勘研究》，山東大學碩士學位論文，2016年，第21頁。

九遇揲則得老陽六遇揲（1／3b／4／疏）錢「遇」，各本並同，
新校云：「當作過」。

殿本《考證》云：

臣清植按，每四策為一過揲。老陽策三十六，九其四之數也，
故為九過揲；老陰策二十四，六其四之數也，故為六過揲。兩「遇」
字俱當作「過」字，今《折衷》定本作「過」。

又：

漢書韓信云（2／15b／1／疏）「云」上有「傳」，新校云：「當
有」。

殿本《考證》云：

臣良裘按，此非韓信語，「云」字上當有「傳」字。

又：

而初時（2／56b／5／疏）新校云：「而，當是『言』。」

殿本《考證》云：

推尋文義，「而」字當是「言」字。

又：

成位至立象也（7／6b／4／注）「至」，新改「況」，從宋，古、
足同。

殿本《考證》云：

「況」訛作「至」，依古注本改。

以上盧氏未引《考證》郭京等人之說，亦無引石經與《釋文》，且多為疏文校
勘，王寧分析有其合理之處。然需要補充者有三：

一是對毛居正等人的觀點，盧氏偶引之，並非一概刊去。如：

九五之志（2／30a／1）「志」作「事」，毛居正云。

二是對《考證》據上下文意改動者，盧氏亦擇善而引，如第1、2、3條，
尤其第3條並無直接證據，完全是推尋文義。

三是《考證》據古注本而改，與山井鼎《七經孟子考文補遺》中的古本、
足利本、宋本相合者，盧氏亦引之。

綜上，盧氏不盲從，不迷信，既肯定殿本保存宋八行本舊式、改正毛本
訛舛脫衍等優點，又比較客觀地指出殿本的諸多錯誤之處，正如盧氏題詞所
云「（殿本）與八行本略近之，而亦未全是也」。

## 三、毛氏汲古閣本《周易兼義》

毛本是盧氏校勘《周易注疏》的底本，鑒於學界對毛本已相當熟悉，此無需多言，僅作一小補充。盧氏《周易注疏》校本中有這樣三則校記：

> 夫子第七翼也（1／14b／6／疏）錢無「也」，校增。

> 居於天（1／24b／9／疏）錢無「於」字，毛校增。

> 志存於五（2／30b・6／注）「五」，宋「王」，非，毛校改。

「毛校增」「毛校改」說明盧氏認為毛本經過校勘。然參閱 13 種《周易注疏》版本，可知上述三處文字並非是毛本校改，見下表。如第三條宋本作「王」，然從永樂本開始，至閩、監、毛本皆作「五」，毛本的底本是明監本，故當承襲底本而來，而非校勘所改。此條《群書拾補·周易注疏校正》云：宋本「五」作「王」，非。按，毛居正云：「『王字誤，疏云『以六三之微，而欲行九五之事』，則『五』字是。」〔註50〕據此，盧氏很可能認為毛本參考了毛居正之說而校改，其餘兩條亦是毛本承襲底本（明監本）而來。

| 毛　　本 | 撫本 | 建本 | 岳本 | 單疏本 | 日藏八行本 | 陳本 | 永樂本 | 元刊本 | 元刻明修本 | 阮刻本 | 閩本 | 北監本 | 殿本 |
|---|---|---|---|---|---|---|---|---|---|---|---|---|---|
| 夫子第七翼也 | | | | 也 | 也 | 無也 | 也 | 也 | 也 | 也 | 也 | 也 | 也 |
| 居於天 | | | | 於 | 於 | 無於 | 於 | 於 | 於 | 於 | 於 | 於 | 於 |
| 志存於五 | 志存於王 | 志存於五 | 志存於王 | 志存於五 | 志存於王 | 志存於王 | 志存於五 | 志存於五 | 志存於五 | 志存於五 | 志存於五 | 志存於五 | 志存於王 |

## 四、明神廟本《周易兼義》

盧氏校《周易注疏》，除使用錢本、殿本和毛本外，還使用了明神廟本，如：

> 寵小人似宮人（3／29a／1／注）錢「於」，諸本同，唯神廟本「似」。

---

〔註50〕（清）盧文弨《群書拾補·周易注疏校正》，陳東輝主編《盧文弨全集》第 1 冊，浙江大學出版社，2017 年，第 7 頁。

說之道（6／15b／6／注）諸本「盛」，錢「道」，神廟本同。

試與各本比較：

| 盧氏校本引神廟本 | 撫本 | 建本 | 岳本 | 單疏本 | 日藏八行本 | 陳本 | 永樂本 | 元刊本 | 元刻明修本 | 阮刻本 | 閩本 | 監本 | 重修監本 | 殿本 |
|---|---|---|---|---|---|---|---|---|---|---|---|---|---|---|
| 似宮人 | 於宮人 | 於宮人 | 於宮人 | | 於宮人 | 於宮人 | 於宮人 | 於宮人 | 於宮人 | 於宮人 | 於宮人 | 似宮人 | 似宮人 | 於宮人 |
| 說之道 | 說之盛 | 說之盛 | 說之盛 | | 說之盛 | 說之盛 | 說之盛 | 說之盛 | 說之盛 | 說之盛 | 說之盛 | 說之道 | 說之道 | 說之道 |

　　盧氏《周易注疏》校本中有關「神廟本」的校語僅上述兩條。查閱盧氏其他著作，《經典釋文考證·周易音義考證》中出現大量神廟本的信息，其「乾卦·无悶」條云：「明神廟十四年注疏本，後載《易釋文》一卷，較通志堂本為勝。」〔註51〕清人多稱「明萬曆北監本」為「明神廟本」，如阮元《宋本十三經注疏並經典釋文校勘記凡例》云：「凡與明神廟間國子監本、明閩中御史李元陽本及崇禎間汲古閣毛晉本字有多寡、文有異同處皆詳載之。」〔註52〕瞿鏞《鐵琴銅劍樓藏書目錄》云：「《經典釋文考證》稱『神廟本』，茲從《校勘記》改稱『監本』，後並同。」〔註53〕又，臧庸《拜經堂文集》卷二《周易注疏挍纂序》云：「余師盧紹弓學士撰《周易注疏輯正》九卷、《略例》一卷，以校正《易疏》之訛。受讀下因，錄其切要可據者，為《周易注疏校纂》三卷。家藏明神廟十四年本，後附《易釋文》及《周易略例》，每卷首署「皇明朝列大夫國子監祭酒臣李長春奉勅重刊」款式，與毛氏本同，即毛氏所依據者，而訛字較毛為少，往往與兩宋本相合，可貴也。」〔註54〕臧庸為盧氏弟子，其家藏神廟本很可能就是盧氏校勘所用之本。據盧、臧二人言，神廟本為明神廟（萬曆）十四年刊本，有注疏文，後附《周易釋文》及《略例》，每

---

〔註51〕（清）盧文弨《經典釋文考證·周易音義考證》，陳東輝主編《盧文弨全集》第5冊，浙江大學出版社，2017年，第19頁。

〔註52〕（清）阮元《宋本十三經注疏並經典釋文校勘記凡例》，《續修四庫全書》第180冊，上海古籍出版社，2002年，第286頁。

〔註53〕（清）瞿鏞《鐵琴銅劍樓藏書目錄》，中華書局，1990年，第13頁。

〔註54〕（清）臧庸《拜經堂文集》，《續修四庫全書》第1491冊，上海古籍出版社，2002年，第528頁。

卷首題「皇明朝列大夫國子監祭酒臣李長春奉勅重刊」，這些皆與明萬曆北監本一致，且盧氏所引的兩處神廟本異文僅與萬曆北監本同（見上表），足見盧氏使用的神廟本確為萬曆北監本。〔註55〕

此外，盧氏《周易音義考證》引神廟本《周易釋文》進行校勘，然盧氏所引的神廟本文字與今存萬曆北監本《周易釋文》存在不同。如下表：

| 盧氏《周易音義考證》引神廟本釋文 | 國圖宋本釋文 | 永樂本釋文 | 元刻本釋文 | 元刻明修本釋文 | 阮刻本釋文 | 閩本釋文 | 監本釋文 | 重修監本釋文 |
|---|---|---|---|---|---|---|---|---|
| 屯：則否：備鄙反 | 備鄙反 | 備鄙反 | 備鄙反 | 備鄙反 | 備鄙反 | 都鄙反 | 都鄙反 | 都鄙反 |
| 明夷：夷於：京作眱 | 京作眱 | 京作眱 | 京作眱 | 京作眱 | 京作眱 | 京作眱 | 京作眱 | 京作眱 |
| 繫辭上：乎邇：本又作迩，音尒 | 乎迩：本又作邇，音尒 | 乎迩：本又作邇，音尒 | 乎迩：本又作邇，音尒 | 乎迩：本又作邇，音尒 | 乎迩：本又作邇，音尔 | 乎邇：本又作邇，音尒 | 乎邇：本又作邇，音尒 | 乎邇：本又作邇，音尒 |

前兩例盧氏所引神廟本與今常用的萬曆北監本〔註56〕不同，反而與宋本、永樂本、元刻本同，可見盧氏所據的神廟本訛字較少，優於今存的萬曆北監本，正如臧庸所言「往往與兩宋本相合」。

## 五、有關「盧本」問題

盧氏《周易注疏》校本中還出現少量盧本異文（共計 15 處）。據上文題跋，韓應陛和張爾耆皆因不知「盧本」所指是何，猜測是後人所增，遂懷疑此校本已非盧文弨原校本。然經筆者逐一核對，此「盧本」乃是盧文弨從浦鏜《十三經注疏正字》中轉引而來，又據王曉靜考察，浦鏜《十三經注疏正字》所引「盧本」是明人盧復所輯《三經晉注》本《周易》〔註57〕。舉例如下：

---

〔註55〕萬曆北監本有兩個版本：初印本與重修本。重修監本每卷首題：「皇明朝列大夫國子監祭酒臣李長春等奉勅重較刊，皇明朝列大夫國子監祭酒臣吳士元承德朗司業仍加俸一級臣黃錦等奉旨重修。」臧庸家藏神廟本無後一段題名，故當為萬曆初印本。

〔註56〕目前學界經常使用的萬曆北監本《周易兼義》是德國巴伐利亞國家圖書館藏本，重修監本是日本內閣文庫藏萬曆年間刊重修本。

〔註57〕王曉靜《清代浦鏜〈周易注疏正字〉「盧本」發覆》，《天一閣文叢》第 16 輯，第 72～80 頁。

　　　　貞宜其吉（2／29a／3／注）「吉」下有「也」字。盧氏云：「新
　　也，盧同，古、足同。」

浦鏜《十三經注疏正字》此條云：

　　　　「吉」下脫「也」字，從盧本校。〔註58〕

　　又：

　　　　往來乃危也（5／42b／2／注）「乃」旁有「則」字。盧氏云：
　　「盧。」

浦鏜《十三經注疏正字》此條云：

　　　　「則」誤「乃」，從盧本按。〔註59〕

　　又：

　　　　無微不究（8／5a／9／注）「微」旁有「細」字。盧氏云：「盧。」

浦鏜《十三經注疏正字》此條云：

　　　　「微」當依盧本作「細」。〔註60〕

　　此外，阮元《周易注疏校勘記》亦不知此「盧本」所指，如《周易注疏校
勘記》卷九注文「謙者不自重大」條云：

　　　　《集解》作「不自任也」。〔註61〕

此句出自《周易》卷九《雜卦》「謙輕而豫怠也」注文。而查閱李鼎祚《周
易集解》卷十七「謙輕而豫怠也」，下文卻作「謙位三賤，故輕。豫薦樂祖
考，故怡。怡或言怠也」。〔註62〕進而檢索《周易集解》全書，並無「不自
任也」句，遂不知《周易注疏校勘記》引自何處。參看盧氏《周易注疏》
校本，盧氏於注文「重大」二字旁作「任也」，並加一「盧」字。查閱浦鏜
《十三經注疏正字》，此條作「重大，盧本作任也」〔註63〕。盧文弨轉引自

---

〔註58〕（清）浦鏜《十三經注疏正字》，《文淵閣四庫全書》第 192 冊，臺北商務印
　　　　書館，1983 年，第 10 頁。
〔註59〕（清）浦鏜《十三經注疏正字》，《文淵閣四庫全書》第 192 冊，臺北商務印
　　　　書館，1983 年，第 21 頁。
〔註60〕（清）浦鏜《十三經注疏正字》，《文淵閣四庫全書》第 192 冊，臺北商務印
　　　　書館，1983 年，第 29 頁。
〔註61〕（清）阮元《周易注疏校勘記》，《續修四庫全書》影印清嘉慶十三年文選樓
　　　　刻本，第 180 冊，上海古籍出版社，2002 年，第 347 頁。
〔註62〕（唐）李鼎祚《周易集解》，《北京圖書館古籍珍本叢刊》影印明嘉靖三十六
　　　　年聚樂堂刻本，第 1 冊，書目文獻出版社，1988 年，第 311 頁。
〔註63〕（清）浦鏜《十三經注疏正字》，《文淵閣四庫全書》第 192 冊，臺北商務印
　　　　書館，1983 年，第 34 頁。

浦鏜，可見《周易注疏校勘記》沒有查閱《十三經注疏正字》與《周易集解》，僅僅依據盧氏《周易注疏》校本，想當然地認為盧氏參考《周易集解》而來。

由上，盧氏《周易注疏》校本中的「盧本」既不是盧文弨本人的校改，又不是後人的增補，而是盧文弨轉引自浦鏜《十三經注疏正字》，亦可說明張爾耆與韓應陛的懷疑並不確切，此過錄本極有可能就是盧文弨原校本，可資研究之用。

## 第三節　盧文弨校勘《周易注疏》所引他書文獻

盧文弨校勘《周易注疏》，不僅彙集了多種版本進行對勘，其中不乏有稀見珍本，還從各類文獻資料中搜集相關引文加以利用，尤其是先秦兩漢典籍中的《周易》引文，往往保存了刻本之前的早期面貌，可謂是校勘的重要依據與外證，頗有價值。據筆者統計，盧氏《周易注疏》校本中引用的他書文獻有十多種，數量雖不多，但也遍及四部，如《詩經》、《禮記》、《周禮》、《春秋穀梁傳》、《論語》、《爾雅》、《史記》、《漢書》、《宋書》、《列子》、《顏氏家訓》、《困學紀聞》、《初學記》、《太平御覽》、《文選》等。具體而言，盧氏校本對他書文獻引文的使用，可分以下五種類型：

### 一、在版本異文的基礎上，據他書文獻引文訂正毛本訛誤

盧氏校勘《周易注疏》的底本是毛氏汲古閣本。毛本不僅文字錯訛脫漏十分嚴重，還肆意破壞宋刻八行本的舊式與體例，離析割裂疏文，刪除單疏本的注文起止語，殊為不當。盧氏校勘的主要目的就是訂正毛本訛誤，刪衍補漏，恢復宋本舊式。然對於一些版本異文，盧氏無法直接判斷對錯，需要參考他書文獻引文加以佐證，才能判定毛本訛誤，這也是盧氏徵引他書文獻引文最主要的原因。

如：

> 宋、錢「術」，《顏氏家訓》作「不成技術」，知「王」誤。（4 /
> 20b / 5）

此句出自毛本卷四《晉卦》疏文「不成一伎王」。盧氏先指出宋八行本、錢本「王」字作「術」，進而以《顏氏家訓》引文作為依據，判定毛本訛誤。

又：

　　　　　宋、錢「杭」，《列子》「櫟株駒」是枯木，杭亦是枯木。（5／
　　20b／4）

此句出自毛本卷五《困卦》疏文「機木謂之株」。盧氏指出「機」字，宋八行本、錢本作「杭」，後據《列子・黃帝》引文，得出毛本為誤。

　　又：

　　　　　宋、正嘉「刃」。文弨按，《禮記・月令》「命澤人納材葦」，注「此時柔刃可取」。又《毛詩・抑》箋「柔忍之木」，《釋文》云「本亦作刃」。知「刃」非誤字。（5／9a／7）

此句出自毛本卷五《姤卦》疏文「杞性柔韌」。盧氏指出「韌」字，宋八行本、正嘉本作「刃」，而後據《禮記・月令》鄭注、《毛詩・抑》鄭箋及《經典釋文》，得出應當作「刃」，毛本為誤。

　　又：

　　　　　宋「勤」，《詩・摽有梅》「迨其謂之」，箋云「謂勤也，女年廿而無嫁端，則有勤望之憂」。（5／52a／6）

此句出自毛本卷五《歸妹》疏文「更有動望之憂」。其中「動」字，宋八行本作「勤」，盧氏又引《毛詩・摽有梅》鄭箋，認為作「勤」更確。

　　又：

　　　　　宋「倨」，下同，今《爾雅》作「倨」（9／10b／3）

此句出自毛本卷九《說卦》疏文「此馬有牙如鋸，能食虎豹，《爾雅》云『鋸牙』」。盧氏指出兩個「鋸」字，宋八行本作「倨」，並進一步依據《爾雅》亦作「倨」，斷定毛本為非。

## 二、無版本異文，仍據他書文獻引文訂正毛本訛誤

　　此類是指《周易注疏》所有版本文字皆相同，並無異文，盧氏卻依據他書文獻引文，判定諸版本有誤。

　　如：

　　　　　文弨按：依《爾雅》，「足」上當有「左」字。（9／10a／7）

此句出自毛本卷九《說卦》疏文「馬後足白為驔」。盧氏校勘所用的版本都相同，並無異文。盧氏卻引《爾雅》，認為加「左」字更準確。

　　又：

　　　　　當作「若」，《宋・符瑞志》。（8／7a／7）

此句出自毛本卷八《繫辭下》疏文「生顓頊於弱水」。此句亦無版本異文，盧氏卻引《宋書・符瑞志》，認為當作「若水」。

又：

> 盧文韶云：「按，《乾鑿度》本作『繼天地』，此『斷』字疑誤。」
>
> （序／6a／4）

此句出自毛本《周易正義序》「故易者所以斷天地」，諸版本文字一致，並無異文，盧氏之弟文韶引《乾鑿度》，遂懷疑作「斷」字誤，當作「繼天地」。

又：

> 新本「賤」上有「卑」字，據疏應有。疏非，《困學紀聞》引無
>
> 「卑」字。（6／7a／4）

此句出自毛本卷六《旅卦》注文「斯賤之役」，諸版本文字相同。盧氏先指出殿本《周易注疏》有「卑」字，與《正義》相合。然又據《困學紀聞》引文判定應當無「卑」字，《正義》亦非。

## 三、在版本異文的基礎上，據他書文獻引文判定舊本訛誤

宋八行本、錢本等舊本雖勝毛本甚多，但不是沒有任何問題。盧氏評價山井鼎《七經孟子考文補遺》云：「猶以其古本、宋本之誤不能盡加別裁，而各本並誤者雖有正誤、謹按諸條，亦不能詳備，又其先後位置之間頗費尋檢……然特就對校而已，其誤處相同者，雖間亦獻疑，然而漏者正多矣。且今本亦有絕勝於舊者，不能辨也。」〔註64〕由此可知，盧氏對於舊本並不是一味盲從，亦多次據他書文獻引文訂正其訛誤，顯示出實事求是的校勘態度。

如：

> 宋亦脫誤。（2／34a／8）

此句出自毛本卷二《泰卦》疏文：「《大司徒》云『其動物植物』，及《職方》云『揚州其貢宜稻麥，雍州其貢宜黍稷』。」盧氏校本於「《大司徒》」前增「《周禮》」二字，將兩個「貢」改成「穀」字，「揚州」改作「青州」，同時指出宋八行本存在脫訛，當補正。

又：

---

〔註64〕（清）盧文弨《周易注疏輯正題辭》，《抱經堂文集》卷七，中華書局，1990年，第85頁。

宋「王」，非，毛校改。（2 / 30b / 6）

　　宋本「五」作「王」，非。按：毛居正云「『王』字誤，疏云『以六三之微，而欲行九五之事』，則『五』字是。」（《周易注疏校正》第 7 頁）

此句出自毛本卷二《履卦》注文：「志存於五。」盧氏引宋人毛居正《六經正誤》之說，以疏文校正注文，判定宋八行本作「王」為誤，應作「五」。

## 四、僅羅列他書文獻引文，不作判定

　　盧氏《周易注疏》校本中亦有諸多條目僅羅列他書文獻引文，不作判定，顯示出較為謹慎的校勘態度。

　　如：

　　沈「上」，《史》「水」，《漢》「上」。（1 / 2b / 9）

此句出自毛本卷一《乾卦》疏文「泗水亭長」。浦鏜《十三經注疏正字》與《漢書‧高帝紀》作「泗上」，而《史記‧高祖本紀》作「泗水」，盧氏僅羅列異文，未作判定，似認為兩通。

　　又：

　　古「也」，《穀梁》宣二年書無。（3 / 58b / 7）

此句出自毛本卷三《習坎》注文「不得自修」。盧氏先指出山井鼎《七經孟子考文補遺》中的古本「得」字下有「也」字，又引述《春秋穀梁傳》宣公二年引文，發現「得」字下無「也」字，此兩種觀點針鋒相對，盧氏十分嚴謹，故僅羅列，未作判定。

　　又：

　　《史正義》作「易」。（9 / 13b / 4）

此句出自毛本卷九《說卦》疏文「其理不見」。盧氏引張守節《史記正義》引文作「其理不易」，蓋證據不足，只能羅列，無法判定。

## 五、據他書文獻引文駁斥前人觀點

　　此種例子較少，僅有一例：

　　本書與《初學記》所引同，不必以浦君所改。（8 / 7b / 4、5）

此句出自毛本卷八《繫辭下》「包犧氏沒，神農氏作」節疏文，此段疏文主要敘述了上古時期諸帝氏世系。浦鏜《十三經注疏正字》據《繹史》所引的《帝

王世紀》對此段疏文進行了一番修改〔註65〕，而盧氏卻認為此段疏文與《初學記》所引文字一致，不必依浦鏜所改，可見盧氏並不盲從。

　　以上是盧氏校勘《周易注疏》使用他書文獻引文的五種方式，皆屬校勘方法中的他校法，足見盧氏在多年的校勘實踐中積累了相當豐富的經驗，對校勘方法的駕馭已頗為嫺熟。然亦存有不足之處，尤其是在無版本異文的情況下（上文第二種類型），盧氏僅依據他書文獻引文，就斷定毛本錯誤，據改文本，有失偏頗。喬秀岩有過專門論述，指出各種古籍之成書、流傳各有不同，其文本亦各有其由來，因而最重要的是要釐清各種版本之源流，明晰不同版本文字之沿革，還原其早期面貌，異者當存其異，不可據各種文獻相類似引文，互相引證，進行竄改，強行統一，泯滅不同古籍各自不同的歷史面貌。〔註66〕

　　如上舉毛本卷九《說卦》疏文「馬後足白為驠」之例。孔祥軍《阮刻〈周易注疏〉圈字彙校考正》云：「單疏本、足利本、八行本同，十行本、劉本（嘉靖）、永樂本、閩本、明監本、毛本皆同，《周易要義》所引亦同。」〔註67〕可見諸本皆一致，宋本已作「足」字，安得非引《爾雅》加「左」字？盧氏此說很可能來自浦鏜《十三經注疏正字》，浦鏜云「脫『左』字」。〔註68〕

　　毛本卷八《繫辭下》疏文「生顓頊於弱水」。孔祥軍《阮刻〈周易注疏〉圈字彙校考正》：「單疏本、足利本、八行本、十行本、劉本（嘉靖）、永樂本、閩本、明監本、毛本皆同。」〔註69〕諸本一致，宋本原貌已作「弱」字，盧氏引《宋書·符瑞志》改作「若水」，或不當從。

　　毛本《周易正義序》「故易者所以斷天地」。孔祥軍《阮刻〈周易注疏〉圈字彙校考正》：「單疏本、八行本、十行本、劉本（嘉靖）、永樂本、閩本、明監本、毛本同。」〔註70〕諸版本無異文，宋本亦作「斷」，盧氏卻引緯書《周

〔註65〕（清）浦鏜《十三經注疏正字》，《文淵閣四庫全書》第192冊，臺北商務印書館，1983年，第29頁。

〔註66〕喬秀岩、葉純芳《學術史讀書記·學〈撫本考異〉記》，三聯書店，2019年，第135～148頁。

〔註67〕孔祥軍《阮刻〈周易注疏〉圈字彙校考正》，光明日報出版社，2019年，第214頁。

〔註68〕（清）浦鏜《十三經注疏正字》，《文淵閣四庫全書》第192冊，臺北商務印書館，1983年，第33頁。

〔註69〕孔祥軍《阮刻〈周易注疏〉圈字彙校考正》，光明日報出版社，2019年，第194頁。

〔註70〕孔祥軍《阮刻〈周易注疏〉圈字彙校考正》，光明日報出版社，2019年，第1頁。

易乾鑿度》，所見不知為何本，遂懷疑「斷」當作「繼」，似不可信從。

　　毛本卷二《泰卦》疏文：「《大司徒》云『其動物植物』，及《職方》云『揚州其貢宜稻麥，雍州其貢宜黍稷』。」孔祥軍《阮刻〈周易注疏〉圈字彙校考正》：「兩『貢』字，單疏本、足利本、八行本、十行本、劉本（嘉靖）、永樂本、閩本、明監本、毛本皆同，《周易要義》所引亦同。」〔註71〕諸版本皆同，宋本即作「貢」，盧氏卻將兩個「貢」改成「穀」字，所見不知為何本，亦不可據此改彼。

## 第四節　盧文弨校勘《周易注疏》所引前人著述

　　盧文弨校勘《周易注疏》還參引了若干種前人著述，其中最主要有日本學者山井鼎《七經孟子考文補遺》和浦鐘《十三經注疏正字》。學界此前雖已有相關考察，但仍有探討的空間，今以盧氏《周易注疏》校本為中心，就若干問題做進一步補充。

### 一、山井鼎《七經孟子考文補遺》

　　乾隆四十四年（1779），盧文弨從友人鮑廷博處借得日本學者山井鼎、物觀所作《七經孟子考文補遺》（以下簡稱《考文》），「歎彼海外小邦，猶有能讀書者，頗得吾中國舊本及宋代梓本，前明公私所梓覆三四本，合以參校，其議論亦有可採。」〔註72〕此書的《周易》部分是以毛本為底本，參校日本足利學校所藏古鈔本、活字本、宋刻八行本，還有明正德元刊明修十行本、明嘉靖李元陽本、明萬曆北監本，大體形成從南宋八行本到明刻諸本的縱向鏈條，頗為可觀。「然猶憾其於古本、宋本之訛誤者，不能盡加別擇，因始發憤為之刪訂，先自《周易》始，亦既有成編矣。」可見盧氏雖讚歎《考文》之優點，但也指出其不足，進而萌生刪訂想法，與自己的校勘成果合併為一書，故盧氏《周易注疏》校本中大量出現《考文》古本、足利本、宋本的異文。今以盧氏《周易注疏》校本卷一、卷四、卷五、卷八、卷九為例，統計如下：

---

〔註71〕孔祥軍《阮刻〈周易注疏〉圈字彙校考正》，光明日報出版社，2019 年，第49 頁。

〔註72〕（清）盧文弨《周易注疏輯正題辭》，《抱經堂文集》卷七，中華書局，1990年，第 85 頁。

| | 盧氏校本<br>引古本條目數量 | 盧氏校本<br>引足利本條目數量 | 盧氏校本<br>引宋本條目數量 |
|---|---|---|---|
| 卷一 | 34 | 26 | 125 |
| 卷四 | 78 | 28 | 74 |
| 卷五 | 52 | 27 | 80 |
| 卷八 | 49 | 20 | 57 |
| 卷九 | 41 | 15 | 44 |
| 合計 | 254 | 116 | 380 |

　　由上，僅此五卷，盧氏《周易注疏》校本引用山井鼎《考文》條目的數量已近 800 條，具體可分以下四類：

### （一）羅列《考文》古本、足利本、宋本異文

　　山井鼎《考文》主要使用了死校法，因而保存了諸多古本、足利本、宋本的異文，這為盧氏校勘提供了便利。盧氏在校本中亦大量羅列《考文》異文，此類條目數量尤多，如：

> 而為不正（1 / 8b / 7）「不正」下，古本、足利本有「之主」。
>
> 物既泰通（2 / 32a / 1）「泰」，錢「大」，宋同。
>
> 夷於左股是行（4 / 23b / 2）「是」，宋本「示」，古、足同。
>
> 履得其位（4 / 45a / 5）「其」，新「益」，錢、宋同。
>
> 正乃功成也（5 / 6b / 1）「正」，錢作「匹」，古、足同，宋同。
>
> 明而能嚴（5 / 2a / 6）「明」字，宋、古、足作「施」。
>
> 況之六爻（8 / 2b / 5）古重「六爻」。
>
> 所以決斷萬事也（8 / 10a / 8）宋本「決」上有「夬」字。
>
> 受命如嚮（9 / 1a / 6）「嚮」，宋「響」，古、足同。

　　這些羅列《考文》異文的條目，絕大部分沒有入選而後成書的《群書拾補・周易注疏校正》。究其原因，這些校語總體顯得比較初步，很可能是盧氏校勘的原始資料彙編，而《周易注疏校正》才是已臻成熟的校勘成果。但通過此校本，我們得以目睹盧氏校勘的最原始面貌，對盧氏校勘《周易注疏》的過程與步驟有更直觀深入的認識。

## （二）在《考文》異文的基礎上，增加判定語

盧氏《周易注疏》校本徵引《考文》亦有部分有判定語，又可細分 4 種類型。

或據宋本校正毛本之誤。如：

> 萬物之所生也（9／10a／6）宋有「出」字，疑「生」字乃「出」之訛。

> 處貞之極（5／17a／6）「貞」，宋「升」，各本同，疏同。錢亦「貞」，非。

或據他書文獻引文判定宋本正誤，如上文第三節第三部分所舉例證。

或據上下文意斷定《考文》是非。如：

> 其初難知也（8／27a／3）「也」下，錢本空五字，宋同。今按，無缺文。

> 故曰不疑（1／37a／1）「曰」下，錢、宋有「即」字，當作「則」。

> 人事明之也（1／22a／4）「之」下，古本有「者」字，非。

> 正以九三（1／6b／5）「正」，宋「王」，非。

> 初上雖無正位（1／25b／6）「上」，宋「末」，非。

或對《考文》作進一步闡釋。如：

> 非已所乘（2／57a／7）宋「非合已之所乘」，錢但有「之」字。文弨按，「非合」猶言「不當」也。

> 則吉乖其所趣（7／3b／6）「趣」，錢「趨」，宋同。作「趨」，「趣」之省文。

> 言得正旨矣（4／42b／8）「正」，錢、宋「王」。文弨按，王謂王弼也。

## （三）參引《考文》中的正嘉本、萬本異文

此外，盧氏《周易注疏》校本中還出現「正嘉本」（17 次）、「萬本」（3 次），如：

> 龍蛇初蟄（8／13a／4）「龍」，錢「蛟」，宋同、正嘉同。

> 處困而不能自通者（5／18b／5）「困」，宋、古、錢、正嘉作「窮」，足同。

　　　所以利永貞（5／45b／4）「利」，宋、錢、正嘉「在」。

　　　成卦三才必備（9／16b／8）「才」，萬本「才」，錢「材」，宋、古同。

　　　堅韌（5／30a／2）「韌」，萬「韌」，錢「仞」，疏同，各本同。

　　　立誠篤志（6／26b／3）「志」，萬本「志」，本多作「至」，新同。

正嘉本是指明正德間補修本《周易兼義》嘉靖李元陽閩本《周易兼義》，萬本是指明萬曆北監本《周易兼義》。盧氏並未使用這三個版本進行校勘，這些異文實轉鈔自山井鼎《考文》。此外，從所舉例子可以看出，正嘉本多與宋本、錢本同，而萬本卻多與毛本一致，與宋本、錢本不同，可知二本之承襲關係。

### （四）徵引《考文》異文出現訛誤

　　盧氏《周易注疏》校本引據《考文》異文，有偶而出現錯誤的情況。如：
　　　欲進於王位猶豫遲疑（1／6a／5）「遲」，宋「持」。
此句出自毛本卷一《乾卦》「九四：或躍在淵，无咎」疏文，其中「遲疑」二字共出現四處：「猶若聖人位漸尊高，欲進於王位，猶豫遲疑」、「云無咎者，以其遲疑進退」、「居非所安，遲疑猶豫」、「故遲疑猶豫，未敢決斷」。盧氏校本將毛本四處「遲疑」皆改作「持疑」，並在第一處云：「宋『持』」。翻查《考文》之《周易注疏》卷一，僅有第三處「居非所安，遲疑猶豫」一條，原文作「遲疑猶豫（七葉右三行），『遲』作『持』」。〔註73〕再查《考文》所據的足利學校所藏宋刻八行本《周易注疏》此段疏文，亦僅「居非所安，遲疑猶豫」作「持疑」，其餘三處皆作「遲疑」〔註74〕，與《考文》所述一致。由上，盧氏誤讀《考文》，誤將毛本四處「遲疑」皆改作「持疑」。

　　綜上，盧氏《周易注疏》校本對《考文》利用情況大抵如此。一方面，盧氏吸收了《考文》提供的古本、足利本、宋本珍貴的版本異文，並補充了錢本、殿本等山井鼎未提及的信息；另一方面，盧氏並非一味信從《考文》，而是有一個甄別的過程，對其古本、足利本、宋本之訛誤亦加以糾正，校之《考文》更推進了一步。盧氏可謂是利用《考文》對《周易注疏》進行通校的第一

---

〔註73〕（日）山井鼎、物觀《七經孟子考文補遺》，國家圖書館出版社，2016年，第14頁。

〔註74〕日本足利學校藏宋八行本《周易注疏》，《域外漢籍珍本文庫》第4輯經部第1冊，西南師範大學出版社，2008年，第8頁。

人，這種整理校勘經書的方法直接被《十三經注疏校勘記》所借鑒吸收，對清代經書校勘的發展帶來十分重要的影響。

## 二、浦鏜《十三經注疏正字》

盧氏獲得《考文》之後，乾隆四十五年（1780）又從翁方綱處得見浦鏜《十三經注疏正字》（以下簡稱「《正字》」）。據浦鏜《正字例言》云：

> 《十三經》所見者有四本：一監本；一監本修板，修板視原本誤多十之三；一陸氏閩本；一毛氏汲古閣本。閩本及舊監本世藏較少，故據監本修板及毛氏本正焉。《釋文》則從徐氏通志堂本校。〔註75〕

由上可見，浦鏜校勘使用的版本只有四個：明嘉靖李元陽本（閩本）、明萬曆北監本（監本）、重修監本、毛氏汲古閣本（毛本），皆是明朝翻刻的《十三經注疏》本。萬曆北監本據李元陽本翻刻，毛本又據北監本翻刻，一脈相承，屬同一個版本系統。浦鏜未見稀有珍本，無任何版本優勢。然此書亦有其價值，杜澤遜云：

> （浦鏜）可以說在版本方面沒有優勢。他的優勢在於廣求旁證，凡一經之內上文、下文之間，經文、注文、疏文之間，各經注疏之間，經書與小學書籍、史書、子書之間，可以互證者，浦鏜大量網羅，寫入校勘記，取得了豐碩成果。浦氏所校經書遍及《十三經注疏》，而不限於「七經」，對絕大部分條目都進行了是非辨別。總的來看，浦鏜在方法上，對校法、他校法、本校法、理校法俱全，而以他校、本校、理校為特色，從死校、活校來說，浦鏜屬活校法，判別是非，並改訂文字。〔註76〕

該評價十分確切，可見《正字》的獨特之處在於其本校、他校與理校方面，且多與宋本暗合，著實令人欽佩。

鑒於《考文》與《正字》互有優劣，盧氏「兼取所長，略其所短，乃復取吾所校《周易》，重為整頓，以成此書，名之曰《周易注疏輯正》……余非敢自詡所見出《正字》、《考文》上也。既覿兩家之美，合之而美始完，其有未

---

〔註75〕（清）浦鏜《十三經注疏正字》，《文淵閣四庫全書》第 192 冊，臺北商務印書館，1983 年，第 3 頁。

〔註76〕杜澤遜《影印〈七經孟子考文補遺〉序》，《七經孟子考文補遺》卷首，國家圖書館出版社，2015 年，第 3 頁。

及，更以愚管參之」。〔註77〕可見盧氏《周易注疏》校本亦大量徵引《正字》，相關統計如下：

| | 盧氏校本引《正字》的條目數量 |
|---|---|
| 卷一 | 20 |
| 卷二 | 19 |
| 卷三 | 21 |
| 卷四 | 11 |
| 卷五 | 19 |
| 卷六 | 13 |
| 卷七 | 10 |
| 卷八 | 29 |
| 卷九 | 13 |
| 合計 | 155 |

由上，盧氏《周易注疏》校本引據《正字》數量達上百條，每卷均有涉及，具體可分以下四種類型。

### （一）羅列《正字》校勘意見

浦鏜《正字》基本每一條都有判定語，盧氏《周易注疏》校本羅列《正字》校勘意見的條目數量尤多。如：

即明者不求（1／44a／8）「即」旁有「既」字，沈。

以剛制斷（5／1a／4）「制斷」互乙，沈。

初自樂來為（5／8b／8）「為」旁有「應」字，沈。

無為者為每事（8／12b／6）下「為」旁有「謂」字，沈。

注云天下之動（8／12a／5）「注」上有「故」字，沈。

震為足足能動（9／9b／7）下「足」旁有「震」字，沈。

所生其堅勁（9／12a／6）「堅」上有「性」字，沈。

這些羅列《正字》校勘意見的條目，與上文《考文》情況一樣，絕大多數沒有選入《周易注疏校正》。《周易注疏》校本是盧氏校勘的原始資料彙編，

---

〔註77〕（清）盧文弨《周易注疏輯正題辭》，《抱經堂文集》卷七，中華書局，1990年，第85頁。

故盧氏首先要將《正字》的校勘意見羅列出來，再作進一步分析判定。此校本展示了盧氏校勘的最初面貌，有助於豐富我們的相關認識。

### （二）在羅列的基礎上，增加判定語

盧氏《周易注疏》校本徵引《正字》的校記亦有部分有判定語，又可細分兩種類型：

或肯定《正字》的校勘意見，並作進一步補充。如：

> 薔川楊何（序／13b／5）沈云：「『薔川』當作『淄川』。」似可通。

> 孰知不勝（5／3b／7）「孰」，沈疑。即熟知言明，知其不勝也。

> 可射之動（8／15a／4）「射之」下脫「時」字，沈。動，仍當留。

或對《正字》提出否定意見。如：

> 朱襄氏（8／7b／5）沈云：「在『陰康氏』下。」不必改。

> 包義氏沒神農氏作（8／7b／4、5）本書與《初學記》所引同，不必以浦君所改。

> 易之小理者事必不通（7／1a／1）「理」、「事」，沈互易。按，未必然。

> 天子諸卦（2／10a／7）「諸」上有「故」字，沈。不可從。

> 九四言不用（2／47a／6）「九四」二字疑在「言」下，沈。「九四」衍文。

> 習重乎險也（3／54b／5）沈以「乎重」，非。

### （三）三類校記轉引自《正字》

盧氏《周易注疏》校本中有相當多的校記或受浦鏜《正字》啟發，轉引自《正字》，可分三類：

#### 1. 所引李鼎祚《周易集解》異文多轉引自《正字》

盧氏《周易注疏》校本大量徵引李鼎祚《周易集解》（以下簡稱「《集解》」）異文，可分為二類：一類是盧氏明確標出所引《集解》異文轉引自《正字》。

如：

以明臣體（8／12b／3）盧氏於「體」旁書「道」字，云「沈云
李，今亦作體」。

浦鏜《正字》此條云：

「道」誤「體」，從《集解》校。〔註78〕

又：

志在丈夫（3／4b／2）盧氏於「夫」下書「也」字，云「沈依
李」。

浦鏜《正字》此條云：

脫「也」字，從《集解》校。〔註79〕

又：

是君子之所終也（2／50a／2）盧氏刪「所」字，云「當刪，沈
依李」。

浦鏜《正字》此條云：

「所」衍字，從《集解》校。〔註80〕

又：

警慎之貌（3／60a／6）盧氏於「警」旁書「敬」字，云「沈依
李作『敬』」。

浦鏜《正字》此條云：

「敬」誤「警」，從《集解》校。〔註81〕

又：

言是伏羲非文王等（9／1a／8）盧氏於「言」旁作「明」，「等」
旁作「也」，云「沈從李」。

浦鏜《正字》此條云：

「明」誤「言」，「也」誤「等」，從《集解》校。〔註82〕

〔註78〕（清）浦鏜《十三經注疏正字》，《文淵閣四庫全書》第192冊，臺北商務印
書館，1983年，第30頁。
〔註79〕（清）浦鏜《十三經注疏正字》，《文淵閣四庫全書》第192冊，臺北商務印
書館，1983年，第12頁。
〔註80〕（清）浦鏜《十三經注疏正字》，《文淵閣四庫全書》第192冊，臺北商務印
書館，1983年，第12頁。
〔註81〕（清）浦鏜《十三經注疏正字》，《文淵閣四庫全書》第192冊，臺北商務印
書館，1983年，第16頁。
〔註82〕（清）浦鏜《十三經注疏正字》，《文淵閣四庫全書》第192冊，臺北商務印

另一類是盧氏親自翻閱李氏《集解》(《正字》無)，以引作校勘之用。如：

懼者得其中吉（2／6b／8）盧氏於「者」下加「乃」字，云「李同」。

則疑初之應（3／24a／9）盧氏於「疑」旁作「失」字，云「《集解》校」。

不動感而遂通（8／13a／2）盧氏於「通」下加「者也」，云「古『者也』，李有」。

履非其地（8／14a／7）盧氏於「地」旁作「位」字，云「宋『位』，李同」。

乃得全其吉而無咎（3／47b／4）盧氏於「咎」下加「矣」字，云「李『矣』」。

故必見引（5／12a／7）盧氏於「見」旁作「待五」二字，云「李同」。

則宜用有用（9／14b／7）盧氏於「宜」旁作「須」字，云「李同」。

則雷疾風行（9／7a／7）盧氏云：「『則』當作『明』，《集解》『明』『則』並出，亦非。」

王寧曾將盧氏《群書拾補・周易注疏校正》中徵引李氏《周易集解》的條目（共22條）與《正字》相比較，發現二者基本重合，相似程度極高，遂懷疑「盧氏《周易注疏校正》中涉及《集解》的條目，大部分是直接借鑒浦鏜《正字》的成果」。〔註83〕王寧眼光十分敏銳，此判斷甚確。據盧氏《周易注疏》校本可知，盧氏最初於校本中已明確標出徵引的一部分《集解》來源於《正字》（沈從李，沈依李），然《周易注疏校正》卻刪來源，全部直云《集解》，已失其真，遂不知盧氏校勘之詳細過程。

2. 徵引他書文獻多轉引自《正字》

盧氏《周易注疏》校本引據的多條他書文獻引文與浦鏜《正字》暗合。如：

---

書館，1983年，第32頁。
〔註83〕王寧《盧文弨〈周易注疏〉校勘研究》，山東大學碩士學位論文，2016年，第43～47頁。

更有動望之憂（5／52a／6）盧氏云：動，宋「勤」，《詩·摽有梅》「迨其謂之」，箋云「謂勤也，女年廿而無嫁端，則有勤望之憂」。

浦鏜《正字》此條云：

「動望」當「勤望」誤，見《詩箋》。〔註84〕

又：

馬後足白為驒（9／10a／7）盧氏云：文弨按，依《爾雅》，「足」上當有「左」字。

浦鏜《正字》此條云：

依《爾雅》，脫「左」字。〔註85〕

又：

是以大亨（5／15a／3）盧氏云：程子「元亨」。

浦鏜《正字》此條云：

按，程子云「元亨」，誤作「大亨」。〔註86〕

又：

元吉亨（5／33b／4）盧氏云：程子云「『吉』衍」。

浦鏜《正字》此條云：

按，程子云「文衍『吉』字」。〔註87〕

又：

卑謙而不可踰越（2／50a／2）盧氏於「卑」下增「者有」，並云「二字見《論語疏》並《集解》」。

浦鏜《正字》此條云：

脫「者有」二字，從《論語疏》校。〔註88〕

---

〔註84〕（清）浦鏜《十三經注疏正字》，《文淵閣四庫全書》第192冊，臺北商務印書館，1983年，第22頁。

〔註85〕（清）浦鏜《十三經注疏正字》，《文淵閣四庫全書》第192冊，臺北商務印書館，1983年，第33頁。

〔註86〕（清）浦鏜《十三經注疏正字》，《文淵閣四庫全書》第192冊，臺北商務印書館，1983年，第19頁。

〔註87〕（清）浦鏜《十三經注疏正字》，《文淵閣四庫全書》第192冊，臺北商務印書館，1983年，第21頁。

〔註88〕（清）浦鏜《十三經注疏正字》，《文淵閣四庫全書》第192冊，臺北商務印書館，1983年，第12頁。

以上五條盧氏《周易注疏》校本所引他書文獻，與浦鏜《正字》一致。《正字》所引他書文獻多是節引，未詳列原文，盧氏或增補書名及原文，或變換表述方式與語序，有些甚至逕直鈔錄，顯然是從《正字》轉引而來。

### 3. 盧氏按斷語多與《正字》一致

盧氏《周易注疏》校本還徵引了浦鏜《正字》中大量無校勘依據的判定語。

如：

> 諸陽氣而成天（1／1b／9）浦鏜云：「『天』字疑衍。」
>
> 其畫已長（1／3b／6）浦鏜云：「『長』當『陽』字誤。」
>
> 固為占固（1／35a／3）浦云：「『為』當作『謂』。」

此外，盧氏校本中有許多條目，沒有材料依據就直接下按斷語，屬理校法。而對比《正字》，會發現盧氏的一些按斷語與浦鏜觀點頗為一致。

如：

> 其關也（3／32a／7）盧氏於「也」字旁云：「當作『使』，屬下句。」

浦鏜《正字》此條云：

> 「也」字當「使」字之誤，屬下句。〔註89〕

又：

> 心處僻陋（1／17b／6）盧氏云：「『心』當作『身』。」

浦鏜《正字》此條云：

> 「心」疑「身」之誤。〔註90〕

又：

> 不和而剛暴（1／10a／6）盧氏云：「『而』疑『則』。」。

浦鏜《正字》此條云：

> 「而」疑「則」字誤。〔註91〕

又：

---

〔註89〕（清）浦鏜《十三經注疏正字》，《文淵閣四庫全書》第 192 冊，臺北商務印書館，1983 年，第 14 頁。

〔註90〕（清）浦鏜《十三經注疏正字》，《文淵閣四庫全書》第 192 冊，臺北商務印書館，1983 年，第 6 頁。

〔註91〕（清）浦鏜《十三經注疏正字》，《文淵閣四庫全書》第 192 冊，臺北商務印書館，1983 年，第 6 頁。

　　患從口入（2／45a／6）盧氏於「患」旁作「病」字，云「傅玄
《口銘》」。

浦鏜《正字》此條云：

　　按，此本傅玄《口銘》，「患」原本作「病」。〔註92〕

　　由上可見，盧氏《周易注疏》校本的一部分按斷語，未標明出處，極容
易誤當作盧氏之功，實為盧氏轉引自浦鏜《正字》。

### （四）徵引《正字》不慎致誤

　　盧氏《周易注疏》校本徵引浦鏜《正字》偶爾會出現訛誤。如《周易注疏
校正》卷十二《繫辭下》「皆習包犧氏之號也」條云：

　　浦云：「『習』當作『襲』。」〔註93〕

此句出自毛本卷八《繫辭下》疏文「皆習包犧氏之號也」。此段疏文原作：「女
媧氏沒，次有大庭氏、柏黃氏、中央氏、栗陸氏、驪連氏、赫胥氏、尊盧氏、
混沌氏、皞英氏、有巢氏、朱襄氏、葛天氏、陰康氏、無懷氏，凡十五世，皆
習包犧氏之號也。」盧氏校本對此句進行了修改，「大庭氏」下增『王有天下
次有』六字、「柏黃」改作「柏皇」、「尊盧氏」下增『祝融氏』、「皞英」改作
「昊英」、「皆習」改作「皆襲」，並於頁腳下寫一「沈」字，表明以上改訂都
依據《正字》。然翻閱《正字》卻不見「皆習」改作「皆襲」〔註94〕，可見，
此條為盧氏校語，《周易注疏校正》誤當作《正字》原文，不慎致誤。

　　綜上，我們大致可以得出盧氏《周易注疏》校本對浦鏜《正字》的態度
與使用情況：一方面，盧氏校本引據《正字》共計 155 條，遠少於引用《考
文》的數量，表明盧氏對浦鏜無版本依據的校改持較為謹慎的態度，不如《考
文》古本、足利本、宋本異文更具可信性，可見盧氏更偏重建立在廣求異本
基礎之上的對校法，羅列各本異文，不輕易改原文，求是嚴謹。而另一方面，
盧氏亦讚賞《正字》多樣的「活校法」，不僅因為《正字》的判定語多與《考
文》相合，而且浦鏜廣泛徵引他書文獻，尤其是對李鼎祚《集解》的引用，這
些皆被盧氏所吸收使用。總之，盧氏融合了《考文》諸多的版本異文與《正

〔註92〕（清）浦鏜《十三經注疏正字》，《文淵閣四庫全書》第 192 冊，臺北商務印
書館，1983 年，第 15 頁。
〔註93〕（清）盧文弨《周易注疏校正》，陳東輝主編《盧文弨全集》第 1 冊，浙江大
學出版社，2017 年，第 16 頁。
〔註94〕（清）浦鏜《十三經注疏正字》，《文淵閣四庫全書》第 192 冊，臺北商務印
書館，1983 年，第 15 頁。

字》靈活多樣的校勘方式，使得二書優勢互補，再參以己見，開創了一條重要且可行的校勘《十三經注疏》的方法路徑，此舉對阮元等人編纂《十三經注疏校勘記》深有啟發，被廣泛借鑒使用，對此後清代的經學發展產生了重要影響。

## 第五節　盧文弨校勘《周易注疏》所作按斷語

除了以上內容外，盧氏《周易注疏》校本還有一些盧氏個人的按斷語，大致分以下五類：

其一，盧氏依據他書文獻引文進行按斷，見上文第三節。

其二，盧氏在前人校勘著作（主要是《考文》與《正字》）的基礎上，或肯定，或批駁，然有些未標明出處（嚴格意義講，此部分不算是盧氏本人按斷語），見上文第四節。

其三，盧氏據上下文義或句式判定是非。

如：

> 當云：「此文言第二節，此釋初九爻辭也。」觀下疏自明。（1／16a／9）

此句出自毛本卷一《乾卦》「初九曰，潛龍勿用」疏文「此第一節，釋初九爻辭也」。盧氏云「觀下疏自明」，查《乾卦》「文言曰」疏文云「從此至『元亨利貞』，明乾之四德，為第一節；從『初九曰潛龍勿用』至『動而有悔』，明六爻之義，為第二節」。可見盧氏依據上下文義，指出「初九曰」應是文言第二節。

又：

> 當作：「棟為本，橈為末。」（3／52b／2）

此句出自毛本卷三《大過》疏文「柱為本，棟為末」。此段疏文原作：「經文云『棟橈』。象釋『棟橈』者，本末弱也。以屋棟橈弱而偏，則屋下橈柱亦先弱，柱為本，棟為末。觀此象辭，是足見其義。」盧氏根據上下文義，認為作「棟為本，橈為末」更恰當。

又：

> 錢本同，宋本「首」作「菑」，「菑」作「畬」，「始」作「初」。
> 「首發新田」者，菑也。「治其菑熟之地」，則畬也。錢本為是，新本亦據宋本，卻不好。（3／37a／6）

此句出自毛本卷三《无妄》疏文「不敢首發新田，唯治其菑熟之地」。盧氏據上下文義，認為「首發新田」就是「菑」的解釋，「治其菑熟之地」即「畬」之意。高亨先生《周易古經今注》云：「王注『不耕而獲，不菑而畬』。《釋文》『菑，馬云：田一歲也。畬，馬云：田三歲也』。《說文》『菑，不耕田也，重文作甾。畬，三歲治田也』。《爾雅》『田一歲曰菑，三歲曰畬』。據此，菑者，今人所謂荒田也。畬者，今人所謂熟田也。引申之，墾荒田亦曰菑，治熟田亦曰畬。《易》正用此義。」〔註95〕由此可見，盧氏的解釋有一定道理。

又：

　　二字當互易（3／2a／1）

此句出自毛本卷三《隨卦》疏文「舊來恒往，今須隨從」，盧氏於「恒」旁作「今」字，於「今」旁作「恒」字，認為二字當互易。盧氏應是根據句式進行判定，「舊」與「今」相對應，「恒」與「隨」相對應。

又：

　　「未」疑衍。離，罹也。（1／7b／4）

此句出自毛本卷一《乾卦》疏文「百姓既未離禍患，須當拯救」。盧氏將「離」解釋為「罹」，意為百姓遭受禍患，應當拯救，因而懷疑「未」字衍，但不知盧氏是何依據。

盧氏此種依據上下文意與句式進行判定的方式，與上文第三節所述盧氏僅依據他書文獻引文就斷定毛本錯誤（並無版本異文），這兩種情況相類似，不足之處亦相同。如上舉之例：

毛本卷三《无妄》疏文「不敢首發新田，唯治其菑熟之地」。據孔祥軍《阮刻〈周易注疏〉圈字彙校考正》：「單疏本、足利本、八行本、十行本、劉本（嘉靖）、永樂本、閩本、《周易要義》所引皆作『菑發』，明監本、毛本作『首發』。單疏本、足利本、八行本、《周易要義》所引皆作『畬熟』，十行本、劉本（嘉靖）、永樂本、閩本、明監本、毛本作『菑熟』」。〔註96〕由此，從版本情況來看，作「首發」似始於明監本，作「菑熟」似始於元刻十行本，此皆與宋本不一致，作「首發」「菑熟」雖然於文意或可通，但終究不是宋本原貌，不可輕易改字。

〔註95〕高亨《周易古經今注》，中華書局，1984 年，第 232 頁。
〔註96〕孔祥軍《阮刻〈周易注疏〉圈字彙校考正》，光明日報出版社，2019 年，第87 頁。

又如毛本卷一《乾卦》疏文「百姓既未離禍患，須當拯救」。據孔祥軍《阮刻〈周易注疏〉圈字彙校考正》：「『未離』，單疏本、足利本、八行本、十行本、劉本（嘉靖）、永樂本、閩本、明監本、毛本皆同。」〔註97〕諸本皆同，盧氏懷疑「未」字衍文，不知是何依據。「離」亦未必訓為「罹」，宋版已如此，不可輕易改字。

其四，盧氏雖沒有絕對把握，但懷疑有訛誤、衍文、脫文，書「疑」字以示存疑。

> 故食其舊日之德祿位（2／9b／9）盧氏云：「祿位」上疑有「謂」字。

> 明其知幾（8／18a／4）盧氏云：「其」，新刪，疑。

> 六二至七日得（6／35a／8、9）盧氏云：疏即全錄注文，不更益一語，大可疑。

其五，盧氏對毛本割裂疏文進行批判。如：

> 以觀天下觀盥（3／14b／3）盧氏云：「盥」上「觀」字當連上文，與豫、隨、蠱一例。語氣不了，如何截斷。

> 觀卦之名觀盥而不薦（3／14b／9）盧氏云：「名」下「觀」字衍。此段疏文，今本割裂之失自見。

## 本章小結

有清一代，校勘之學十分繁盛，無論是官方還是私家，都成就斐然，人才輩出，湧現出諸多大家，張之洞《書目答問·清代著述諸家姓名略總目》列舉的清代校勘名家多達31人，而尤以戴震、盧文弨、丁傑、顧廣圻四人稱最。〔註98〕其中盧文弨所校之書不僅數量最多，而且質量頗精。清人張爾耆過錄的盧文弨《周易注疏》校本或為盧氏批校《十三經注疏》僅存之本，彌足珍貴，具有相當重要的學術價值。筆者以盧氏校本為中心，在已有成果的基礎上，進一步探討了盧氏校勘《周易注疏》的有關情況。

---

〔註97〕孔祥軍《阮刻〈周易注疏〉圈字彙校考正》，光明日報出版社，2019年，第7頁。

〔註98〕（清）張之洞《書目答問》附錄二《清代著述諸家姓名略總目》，上海古籍出版社，2011年，第267～268頁。

　　盧氏校勘所使用的版本方面。首先，通過分析可知，錢本的《五經正義表》、《周易正義序》、《八論》來自單疏本，保存了宋本舊式；錢本的分卷、篇名、疏文分合及起止語都與宋八行本一致；錢本偶存舊校語；錢本文字以宋八行本和明監本為基礎，參考單疏本、宋刻經注本而來；還存在錢氏不慎增脫文字的現象。可見錢本文本構成十分複雜，絕非單純的「影宋鈔本」，而是一個「重構而成的新校定本」。盧氏對錢本評價較高，多據以訂毛本訛誤，補其脫漏，然亦有懷疑否定之處，並非一味信從錢本，顯示出較為嚴謹的校勘態度。其次，盧氏對殿本進行了比較全面的考察與利用，既肯定殿本保存宋八行本舊式、改正毛本訛舛脫衍等優點，又比較客觀地指出殿本存在的不足，而對殿本所附的《考證》，盧氏亦擇善而引。再者，盧氏推測毛本可能經過校改，然重審盧氏所依據的三條校語，毛本皆承襲底本明監本而來，非毛氏校改。再次，盧氏使用的明神廟本文字訛誤較少，優於今存的萬曆北監本。最後，盧氏校本中的「盧本」乃是盧文弨從浦鏜《正字》轉引而來，實指明人盧復所輯《三經晉注》本《周易》，故張爾耆與韓應陛的懷疑不能成立，此過錄本確為盧氏校本。

　　引據他書文獻方面。盧氏從十餘種典籍文獻中遍搜《周易》相關引文加以徵引，以作為校勘的重要依據與外證，主要使用方式有五種：在版本異文的基礎上，據他書文獻引文訂正毛本訛誤；諸版本雖無異文，仍據他書文獻引文訂正毛本；在版本異文的基礎上，據他書文獻引文考訂舊本之誤；僅羅列他書文獻引文，不作判定；據他書文獻引文駁斥前人校勘觀點。以上皆屬他校法，表明盧氏具有豐富的校書經驗，校勘方法頗為嫻熟。

　　引據前人著作方面。盧氏校勘所參引的前人著述，最主要的是山井鼎《考文》和浦鏜《正字》。對於《考文》，盧氏最重視書中記錄的稀世珍本（古本、足利本、宋刻八行本）異文，大量吸收利用，而對其訛誤之處亦加以糾正，並非一味信從，校之《考文》更推進了一步。對於《正字》，盧氏一方面對浦鏜無任何版本依據的校改持謹慎態度，認為不如《考文》更具可信性；然另一方面，盧氏亦讚賞《正字》多樣的活校法，其廣泛徵引他書文獻，尤其是對李鼎祚《集解》的使用，皆被盧氏所吸收。總之，盧氏將《考文》與《正字》相互融合，優勢互補，再參以己見，開創了一條重要且可行的校勘《十三經注疏》的方法路徑，此舉對阮元等人編纂《十三經注疏校勘記》深有啟發，被廣泛借鑒使用，對整個清代的經學史產生了巨大影響。

　　盧氏按斷語方面。盧氏或據他書文獻引文進行按斷；或引據前人校勘著作，擇善而從；或據上下文義與句式判定是非；或沒有絕對把握，增「疑」字以示存疑；或對毛本隨意割裂疏文進行批判。

　　此外，盧氏校勘《周易注疏》雖創獲頗多，然亦存有不足，其中最主要的是盧氏在無任何版本異文的情況下，僅僅依據他書文獻引文，或依據上下文意與句式特點，就進行判定。而據孔祥軍《阮刻〈周易注疏〉圈字彙校考正》，盧氏所舉諸多條目，從宋刻單疏本、八行本開始，經元刻十行本，至明刻諸本，皆一脈相承，完全一致，沒有異文。喬秀岩指出，各種古籍之成書、流傳各有不同，其文本亦各有來由，故要釐清各種版本之源流，明晰不同版本文字之沿革，還原其早期面貌，異者當存其異，不可據各種文獻類似引文，互相引證，進行竄改，強行統一，泯滅不同古籍各自不同的歷史面貌。此論甚確，古籍校勘之學在於恢覆文本原貌，在無任何證據，沒有絕對把握下，要以嚴謹的校勘態度，不可輕易下判定，當存留異文，以待後學。

# 第二章 盧文弨《周易注疏》校本與阮元《周易注疏校勘記》關係考辨

　　清朝嘉慶年間，阮元主持修纂《十三經注疏校勘記》，彙集眾本，精審嚴校，堪稱群經校勘集大成之作，享譽學界兩百餘年，嘉惠學子，不計其數，讚美之聲，不絕如縷，至今依然。關於《十三經注疏校勘記》的編纂緣起、參與人員、成書過程、校勘體例、所據版本、引用文獻等諸多問題，學界已有比較深入的研究，成果堪稱豐碩。〔註1〕然存留至今的爭議與含混之處亦有不少，仍有進一步探討的空間。其中最重要、最繁雜的問題莫過於盧文弨《十三經注疏》校本對《十三經注疏校勘記》的編纂產生了哪些影響？二者之間究竟是何關係？對於此問題，學界討論甚多，目前主要有兩種看法：一是「盧氏啟發說」，認為盧氏《十三經注疏》校本對阮元修纂《十三經注疏校勘記》的啟發與影響是巨大的、多方面的，甚至可以稱為《十三經注疏校勘記》的藍本。此說出自清人蕭穆，其《敬孚類稿》卷八《記方植之先生臨盧

---

〔註1〕鑒於相關成果眾多，今擇其重要者，茲舉數例：汪紹楹《阮氏重刻宋本〈十三經注疏〉考》，《文史》1963 年第 3 輯，第 25～60 頁；李慧玲《阮刻〈毛詩注疏（附校勘記）〉研究》，華東師範大學博士學位論文，2008 年；水上雅晴《〈十三經注疏校勘記〉的編纂以及段玉裁的參與》，《中國經學》2010 年第 6 輯，第 143～162 頁；杜澤遜《阮元刻〈尚書注疏校勘記〉「岳本」辨正》，《文獻》2014 年第 2 期，第 3～9 頁；劉玉才主編《經典與校勘論叢》，北京大學出版社，2015 年；劉玉才《阮元〈十三經注疏校勘記〉成書蠡測》，《國學研究》2015 年第 35 卷，第 1～17 頁。

抱經手校〈十三經注疏〉》云：「抱經先生手校《十三經注疏》本，後入山東衍聖公府，又轉入揚州阮氏文選樓，阮太傅作《十三經注疏校勘記》，實以此為藍本。」〔註2〕而後汪紹楹承襲此觀點並作進一步闡述：「清阮元重刊宋本《十三經注疏》，雖云肇工於嘉慶二十年乙亥，刊成於二十一年丙子，實乃淵源於盧抱經文弨。文弨雖未創議重刊，而風氣之開，固自伊始。⋯⋯阮氏之立詁經精舍，輯《十三經注疏校勘記》，得謂非文弨啟之哉。」〔註3〕今之學者如黃慶雄、李慧玲等亦持贊同態度〔註4〕，可見蕭氏之說影響深遠，給予後人很大啟發。

二是「阮氏自發說」，代表人物是劉玉才。劉先生通過考察國家圖書館藏《周易注疏校勘記》稿本、謄清本和刻本之間的異同，得出「阮元延客校勘《十三經注疏》，應主要是受到當時學術氛圍的影響，盧文弨只是啟發者之一，阮元《十三經注疏校勘記》與盧文弨手校《十三經注疏》並沒有直接繼承關係，故今存李銳《周易注疏校勘記》原始稿本甚至沒有直接引用盧文弨本人的校勘意見，是嚴傑補校時方與浦鏜的校勘成果一起增加進去」〔註5〕。唐田恬亦云：「《十三經注疏校勘記》的編纂是阮元在不斷積累與充分準備後，自發組織江浙學人進行的。」〔註6〕「以《十三經注疏校勘記》全部依據盧文

<hr />

〔註2〕（清）蕭穆《敬孚類稿》，《續修四庫全書》第1561冊，上海古籍出版社，2002年，第46頁。

〔註3〕汪紹楹《阮氏重刻宋本〈十三經注疏〉考》，《文史》1963年第3輯，第25頁。

〔註4〕李慧玲《阮刻〈毛詩注疏（附校勘記）〉研究》進一步指出：「盧文弨對阮元《十三經注疏校勘記》的影響是巨大的、多方面的，不是僅僅徵引其若干條校記而已。⋯⋯盧文弨在《十三經注疏》的校勘理論上、校勘體例上、校勘成果上都對阮元產生了影響，這種影響是『引用諸家』中的任何一家所無法比擬的。換句話說，盧文弨是一位先行者，他為阮元從校勘理論上、校勘實踐上都作好了充分的準備，給阮元留下了豐厚遺產。」（華東師範大學博士學位論文，2008年，第188頁）臺灣學者黃慶雄《阮元輯書刻書考》亦云：「雖然盧文弨未曾提出總校《十三經注疏》之計劃，但從上述之事實來看，其企圖是顯而易見的。盧氏所欠缺的，不過是足夠之人力與財力。稍後的阮元，獲的此豐沛的校勘成果，以其優越之條件，《十三經注疏校勘記》自然水到渠成。從校勘記內容來看，除《穀梁傳》、《孟子》外，其他十一經均採用盧文弨的校勘成果，較前述之著述為多，可知阮元確實採用了盧氏手校本。」（花木蘭文化出版社，2007年，第71頁）

〔註5〕劉玉才《阮元〈十三經注疏校勘記〉成書蠡測》，《國學研究》2015年第35卷，第4頁。

〔註6〕唐田恬《阮元〈周禮注疏校勘記〉探析》，北京大學碩士學位論文，2013年，第17頁。

弨校本而作，則未免失之武斷。盧文弨只是《十三經注疏校勘記》所參考眾
多清代學人中的重要一家，但並非最重要的一家。」〔註7〕

　　以上兩種觀點各執一詞，皆有合理之處，但其依據的材料或為盧氏《群
書拾補》中諸經注疏校正，或為阮元《十三經注疏校勘記》中保存的盧氏校
本信息，或為《抱經堂文集》、《拜經堂文集》、《敬孚類稿》等清人文集，皆不
是盧文弨《十三經注疏》校本原書，故所得結論難以令人完全信服。今筆者
據湖北省圖書館所藏盧文弨《周易注疏》校本，從文本上考析盧氏《周易注
疏》校本與《周易注疏校勘記》之關係，進而窺見《周易注疏校勘記》的成書
過程，以期有助於相關問題的深入研究。

# 第一節　盧文弨《周易注疏》校本與《群書拾補·周易注疏校正》之關係

　　欲明晰盧文弨《周易注疏》校本和阮元《周易注疏校勘記》的關係，首
先需要理清同為盧文弨所作的《周易注疏》校本與《群書拾補·周易注疏校
正》二書之間是何關係。

　　據盧文弨《抱經堂文集》卷七《周易注疏輯正題辭》云：

　　　　余有志欲校經書之誤，蓋三十年於茲矣。乾隆己亥，友人示余
　　日本國人山井鼎所為《七經孟子考文》一書。歎彼海外小邦，猶有
　　能讀書者，頗得吾中國舊本及宋代梓本，前明公私所梓覆三四本，
　　合以參校，其議論亦有可採。然猶憾其於古本、宋本之訛誤者，不
　　能盡加別擇，因始發憤為之刪訂，先自《周易》始，亦既有成編矣。
　　庚子之秋，在京師，又見嘉善浦氏鏜所纂《十三經注疏正字》八十
　　一卷於同年大興翁秘校覃溪所，假歸讀之，喜不自禁。誠不意垂老
　　之年，忽得見此大觀，更喜吾中國之有人，其見聞更廣，其智慮更
　　周，自不患不遠出乎其上。雖然，彼亦何可廢也。余欲兼取所長，
　　略其所短，乃復取吾所校《周易》，重為整頓，以成此書，名之曰《周
　　易注疏輯正》。〔註8〕

〔註7〕唐田恬《〈周禮注疏校勘記〉平議》，劉玉才主編《經典與校勘論叢》，北京大
　　　學出版社，2015年，第316頁。
〔註8〕（清）盧文弨《抱經堂文集》，中華書局，1990年，第85頁。

由上，盧文弨於乾隆四十四年（1779，己亥）獲見日本學者山井鼎、物觀《考文》，四十五年（1780，庚子）又從翁方綱處得見浦鏜《正字》。鑒於二書互有優劣，盧氏「兼取所長，略其所短」，重為整頓，成《周易注疏輯正》一書，並於四十六年（1781）撰此題辭。又臧庸亦稱盧氏曾作《周易注疏輯正》，並有九卷之多，其《拜經堂文集》卷二《周易注疏校纂序》云：

> 余師盧紹弓學士撰《周易注疏輯正》九卷，《略例》一卷，以校正《易疏》之訛。〔註9〕

而盧氏《周易注疏》校本的底本為毛本，共計九卷，卷末有盧氏跋文：

> 大清乾隆四十四年（1779），歲在屠維大淵獻，四月十有八日，文弨校。辛丑（1781）又五月十一日復細校。

此所記時間、卷數與盧氏、臧庸所述一致，且書內校語數量極多，並大量輯錄《考文》與《正字》，足見確為盧氏《周易注疏》校本，極有可能就是《周易注疏輯正》的最初面貌。

又盧氏《群書拾補小引》云：

> 年家梁曜北語余曰：「所校之書，勢不能皆流通於世，其藏之久，不免朽蠹之患，則一生之精神虛擲既可惜，而謬本流傳，後來亦無從取正，雖自有余，奚裨焉？意莫若先舉缺文斷簡、訛繆尤甚者，摘錄以傳諸人，則以傳一書之力，分而傳數書，費省而功倍，宜若可為也。」余感其言，就余力所能，友朋所助，次第出之，名曰《群書拾補》。雖然，即一書之訛，而欲悉為標舉之，又復累幅難罄，約之又約，余懷終未快也……乾隆五十二年八月丁巳，杭東里人盧文弨書於鍾山書院，時年七十有一。〔註10〕

由上，盧氏接受梁玉繩的建議，將《周易注疏》校本刪繁就簡，取其精粹而成《群書拾補·周易注疏校正》。《小引》的落款時間為乾隆五十二年（1787），可見此時《周易注疏校正》已成書。盧氏雖未直言《周易注疏校正》的體例，然書內有云：

> 凡書內（指毛本，筆者加）訛誤，官本已改正，及可以意會或

---

〔註9〕　（清）臧庸《拜經堂文集》，《續修四庫全書》第 1491 冊，上海古籍出版社，2002 年，第 528 頁。

〔註10〕　（清）盧文弨《群書拾補小引》，陳東輝主編《盧文弨全集》第 1 冊，浙江大學出版社，2017 年，第 1～2 頁。

兩通者，姑略之。

　　凡所引小異同皆不著，唯有當訂正者著之。〔註11〕

據此，盧氏並非將《周易注疏》校本的校勘成果悉數納入《周易注疏校正》，而是擇取可以訂毛本訛誤、補毛本脫漏的條目，而清武英殿本《周易注疏》（官本）已經改正和異同較小、可會意兩通之處，盧氏則不採錄。〔註12〕

　　綜上，我們大致可知盧氏《周易注疏》校本與《周易注疏校正》的關係，簡言之，《周易注疏校正》乃是盧氏《周易注疏》校本的刪減版，僅保留其精華部分。此說固然不錯，然所據皆是外部材料（清人文集與序跋），沒有從二書內容入手進行考察，故所得結論仍不夠清晰。筆者以盧氏《周易注疏》校本《序》及卷一、卷八、卷九為例，統計如下。〔註13〕

| | 《序》及卷一 | 卷八 | 卷九 |
|---|---|---|---|
| 盧氏《周易注疏》校本與《周易注疏校正》共有的條目數量 | 28 | 41 | 30 |
| 盧氏《周易注疏》校本有，《周易注疏校正》無的條目數量 | 199 | 125 | 76 |
| 《周易注疏校正》有，盧氏《周易注疏》校本無的條目數量 | 4 | 6 | 1 |
| 《周易注疏校正》條目總數 | 32 | 47 | 31 |
| 盧氏《周易注疏》校本條目總數 | 227 | 166 | 106 |

　　據上可得有二，一是此三卷《周易注疏校正》的條目數量分別占盧氏《周易注疏》校本總數的 14.1%、28.3%、29.2%，皆不足一半，可見盧氏的確進行了刪減。然盧氏所刪條目數量過多，致使我們據《周易注疏校正》僅能窺其一端，無法全面了解盧氏校勘《周易注疏》的全貌，幸張爾耆過錄本存留至今，盧氏《周易注疏》校本得以重見天日。茲舉二例盧氏《周易注疏》校本原有，而《周易注疏校正》未選取的條目，如：

　　　　錢「遇」，各本並同。新校云：「當作『過』。」（1／3b／4）

此句出自《乾卦》「初九：潛龍勿用」節疏文「九遇揲，則得老陽」。盧氏除指

---

〔註11〕（清）盧文弨《周易注疏校正》，陳東輝主編《盧文弨全集》第 1 冊，浙江大學出版社，2017 年，第 4～5 頁。
〔註12〕王寧《盧文弨〈周易注疏〉校勘研究》第三章《〈易經注疏校正〉之體例與基本內容》，山東大學碩士學位論文，2016 年，第 27～33 頁。
〔註13〕由於盧氏《周易注疏》校本的底本為毛本，故所舉例子依毛本分卷。

出版本異文外，還引清武英殿本《周易注疏》後附的《考證》。

又：

> 錢本「之義」下有「同聲相應已下至各從其類也」十二字，係
> 衍文。（1／20a／3）

此句出自《乾卦》「九五曰：飛龍在天」節疏文。單疏本《周易正義》、日本
足利學校所藏宋刻八行本《周易注疏》與錢本一致，都有「同聲」等十二字，
而元刻十行本、元刻明修本、閩本、監本、毛本則無此十二字，可見盧氏判斷
有誤。

二是從盧氏《周易注疏》校本到《周易注疏校正》，盧氏並非一字不變地
逕直鈔錄，而是作了一定程度地修改增補。主要體現在兩個方面：

其一，盧氏《周易注疏》校本原無，《周易注疏校正》增補的條目，可分
三種類型：

補充對《周易注疏》分卷與款式的認識與思考。如：

> 卦前本無此行。今按，《繫辭》尚仍舊題上下，經不應獨闕，竊
> 謂當補。下放此，不具著。（《周易注疏校正》卷一「周易上經乾傳
> 第一」條）〔註14〕

> 觀此云云，則「第九」等次序當有明矣。或別作原目，因截此
> 段載於首，向來並不如是。（《周易注疏校正》卷十三「先儒以孔子
> 《十翼》之次」條）〔註15〕

補充《周易注疏》校本遺漏的版本異文與引用前人著作。如：

> 各書作「任姒」。（《周易注疏校正》卷十二「母曰任己」條）
> 〔註16〕

> 浦云：「句上亦當有『統』字。」（《周易注疏校正》卷十二「攝
> 坤卦地道之義」條）〔註17〕

---

〔註14〕（清）盧文弨《周易注疏校正》，陳東輝主編《盧文弨全集》第1冊，浙江大學出版社，2017年，第5頁。

〔註15〕（清）盧文弨《周易注疏校正》，陳東輝主編《盧文弨全集》第1冊，浙江大學出版社，2017年，第17頁。

〔註16〕（清）盧文弨《周易注疏校正》，陳東輝主編《盧文弨全集》第1冊，浙江大學出版社，2017年，第16頁。

〔註17〕（清）盧文弨《周易注疏校正》，陳東輝主編《盧文弨全集》第1冊，浙江大學出版社，2017年，第17頁。

浦云：「句上當有『是』字。」（《周易注疏校正》卷十二「其不
宜利於疏遠也」條）〔註18〕

**補充按斷語。**如：

按上下文義不當有「少陽長陰」四字。（《周易注疏校正》卷八
「以象天地以少陰少陽、長陰長陽之氣共相交接」條）〔註19〕

「唯」下疑當有「殆」字，「雖」字疑衍。（《周易注疏校正》卷
十二「論賢人唯庶於幾，雖未能知幾」條）〔註20〕

其二，盧氏《周易注疏》校本和《周易注疏校正》皆有，但文字不一致的
條目，亦可分為三種類型：

**增補按語類。**如盧氏《周易注疏》校本卷二《履卦》「志存於五」云：

「五」，宋「王」，非，毛校改。（2／30b／6）

《周易注疏校正》增補作：

宋本「五」作「王」，非。按，毛居正云：『『王』字誤，疏云『以
六三之微，而欲行九五之事』，則『五』字是。今疏中脫『而』字，
又『事』字誤作『志』，皆當據此補正。」〔註21〕

盧氏最初僅指出版本異文，後增引毛居正《六經正誤》，認為毛本是，宋本非。

再如盧氏《周易注疏》校本卷八《繫辭下》「納奔水氏女，曰聽訞」云：

錢「談」，宋同。（8／7b／8）

《周易注疏校正》增補作：

《路史》云：「《漢書》作『桑水氏』，《書傳》多作『奔水氏』，
字轉失也。」《太平御覽》「聽訞」，音「妖」，或作「談」、作「郯」，
轉失也。按，宋本、錢本皆作「談」。〔註22〕

盧氏最初僅列版本異文，未有定見，後增引《路史》、《太平御覽》進行具體考

〔註18〕（清）盧文弨《周易注疏校正》，陳東輝主編《盧文弨全集》第1冊，浙江大
學出版社，2017年，第4頁。

〔註19〕（清）盧文弨《周易注疏校正》，陳東輝主編《盧文弨全集》第1冊，浙江大
學出版社，2017年，第12頁。

〔註20〕（清）盧文弨《周易注疏校正》，陳東輝主編《盧文弨全集》第1冊，浙江大
學出版社，2017年，第16頁。

〔註21〕（清）盧文弨《周易注疏校正》，陳東輝主編《盧文弨全集》第1冊，浙江大
學出版社，2017年，第15頁。

〔註22〕（清）盧文弨《周易注疏校正》，陳東輝主編《盧文弨全集》第1冊，浙江大
學出版社，2017年，第16頁。

辨，由疑至確，以訂毛本之失。

又如盧氏《周易注疏》校本卷九《說卦》「至於一期所賦之命」，云：

「期」，新作「朝」。（9 / 4b / 3）

《周易注疏校正》增補作：

案，人生百年為大數，故云「一期」。別本改「一朝」，何解？
〔註23〕

盧氏校本僅列殿本異文，未作分析，後增補按語，指出「一期」謂「人生百年」，作「朝」不知何解。然《周易注疏校正》未直言殿本，而作「別本」，遂不知異文來源。

稍作刪減類。如盧氏《周易注疏》校本卷二《謙卦》「是君子之所終也」云：

「所」衍字，沈從李。（2 / 50a / 2）

《周易注疏校正》云：

當從《集解》作：「是君子之終也。」〔註24〕

盧氏最初僅引《正字》，發現浦鏜引自李鼎祚《周易集解》。然《周易注疏校正》卻直云《周易集解》，刪去了盧氏的轉引過程。

再如盧氏《周易注疏》校本卷八《繫辭下》「生顓頊於弱水」云：

當作「若」，《宋·符瑞志》。（8 / 7a / 7）

《周易注疏校正》省略作：

當作「若水」。〔註25〕

盧氏認為「弱水」應作「若水」，並指出所據為《宋書·符瑞志》。翻閱《宋書》卷二十七《符瑞志上》云：「生顓頊於若水。」〔註26〕然《周易注疏校正》卻刪去材料來源。

轉鈔致誤類。如盧氏《周易注疏》校本卷四《損卦》「竊謂莊氏之言得正旨矣」云：

---

〔註23〕（清）盧文弨《周易注疏校正》，陳東輝主編《盧文弨全集》第1冊，浙江大學出版社，2017年，第18頁。

〔註24〕（清）盧文弨《周易注疏校正》，陳東輝主編《盧文弨全集》第1冊，浙江大學出版社，2017年，第9頁。

〔註25〕（清）盧文弨《周易注疏校正》，陳東輝主編《盧文弨全集》第1冊，浙江大學出版社，2017年，第18頁。

〔註26〕（南朝梁）沈約《宋書》卷二十七《符瑞志上》，中華書局，1974年，第761頁。

「正」，錢、宋「王」。文弨案，「王謂王弼也。」（4／42b／8）

《周易注疏校正》卻作：

宋本、錢本「正」並作「王」，謂王肅也。〔註27〕

查閱《周易》此節疏文：「下王注象辭云『損下而不為邪，益上而不為諂，則何咎而可正』，然則王意以无咎、可貞共成一義，故莊氏云『若行損有咎，則須補過以正其失』。今行損用信，則是无咎可正，故云『無咎可貞』。竊謂莊氏之言得正旨矣。」此句王氏所云見於下文象辭「損而有孚」注文，故王氏當是為《周易》作注文的王弼，盧氏《周易注疏》校本無誤，然《周易注疏校正》轉鈔時卻誤作王肅，殊謬。

又如盧氏《周易注疏》校本卷九《序卦》「其於《序卦》之外別言也。昔者聖人」云：

「昔」，錢「此」，宋同。（9／18a／9）

《周易注疏校正》作：

古本、錢本「也」作「此」，衍「昔」字。〔註28〕

盧氏校本所云無誤。翻閱《考文》，此條並無「古本」異文，錢本與宋本一致，可見《周易注疏校正》轉鈔時產生謬誤。

綜上而言，《周易注疏校正》並非一字不變地逕直承襲盧氏《周易注疏》校本而來，而是經過盧氏一定程度地再整理，或增補新的條目，或完善舊有條目，使得所採納的每條校語變得詳實有據，言有所本，顯示了盧氏深厚的校勘考據功底，提高了《周易注疏校正》的價值水平，可謂盧氏晚年的論定之語。雖然在鈔錄過程中出現遺漏材料來源、不慎致誤等不足，但從整體而言，《周易注疏校正》確實是盧氏《周易注疏》校本的精華所在。

## 第二節　阮元《周易注疏校勘記》所引盧文弨校勘成果之來源

阮元《周易注疏校勘記》書前《引據各本目錄》中並未明確提及盧文弨的校勘著作（僅列有盧文弨傳校的錢求赤校本），然文中卻多次參引盧氏校勘

〔註27〕（清）盧文弨《周易注疏校正》，陳東輝主編《盧文弨全集》第1冊，浙江大學出版社，2017年，第10頁。
〔註28〕（清）盧文弨《周易注疏校正》，陳東輝主編《盧文弨全集》第1冊，浙江大學出版社，2017年，第19頁。

成果，惜沒有一一標明出處。針對這部分校記的來源，目前學界有三種不同看法：一是認為出自盧文弨《周易注疏校正》，如井超《阮元校勘〈十三經注疏〉所據「盧文弨校本」考》：「阮元校勘《周易》、《尚書》，主要引據盧文弨《群書拾補》」。〔註29〕二是主張源自盧文弨《周易注疏》校本，如顧永新《錢求赤鈔本〈周易注疏〉考實》：「《周易注疏校勘記》所引錢本信息出自《周易注疏輯正》，並未援據《拾補》。」〔註30〕三是提出二書兼採說，如王寧《盧文弨〈周易注疏〉校勘研究》：「《周易注疏校勘記》對盧文弨校勘成果的吸收不僅限於《周易注疏校正》，其批校成果也一併採錄。」〔註31〕以上三家觀點依據的材料皆不是盧氏《周易注疏》校本原書，故各執一詞，難以令人完全信服。今據盧氏《周易注疏》校本，對此問題作進一步考述，或可有助於澄清事實。

上文探討了盧氏《周易注疏》校本與《周易注疏校正》的關係，得知二書內容互有異同，並非直接承襲而來。《周易注疏校勘記》所引的盧氏校勘成果究竟來自《周易注疏校正》，還是《周易注疏》校本，亦或是二書兼採，以下從四個方面進行考辨。

## 一、《周易注疏校勘記》所引錢本異文皆見於盧氏《周易注疏》校本，而非《周易注疏校正》

盧文弨曾得見錢求赤《周易注疏》鈔本，認為是「影宋鈔本」，成為他批校《周易注疏》的主要參校本。《周易注疏校勘記》卷前《引據各本目錄》中亦有錢本，然據汪紹楹、顧永新等學者考察，阮元等人並未目睹錢本原書，所引錢本異文「實乃轉引自盧氏《周易注疏輯正》，且已不辨其出自錢曾抑或錢求赤」〔註32〕，此論甚確。今以盧氏《周易注疏》校本的《序》及卷一、卷八、卷九為例，統計數據見下表。

〔註29〕井超《阮元校勘〈十三經注疏〉所據「盧文弨校本」考》，南京師範大學文學院王鍔教授主辦微信公共號「學禮堂」文章，2018年2月3日，網址 http://m.sohu.com/a/220760167_755268。

〔註30〕顧永新《錢求赤鈔本〈周易注疏〉考實》，《文獻》2018年第1期，第54～55頁。

〔註31〕王寧《盧文弨〈周易注疏〉校勘研究》，山東大學碩士學位論文，2016年，第63～64頁。

〔註32〕顧永新《錢求赤鈔本〈周易注疏〉考實》，《文獻》2018年第1期，第52～53頁。

| | 《周易注疏》校本引錢本數量 | 《周易注疏校正》引錢本數量 | 《周易注疏校勘記》引錢本數量 | 《周易注疏校正》與《周易注疏》校本引錢本重合數量 | 《周易注疏校勘記》與《周易注疏》校本引錢本重合數量 |
|---|---|---|---|---|---|
| 序及卷一 | 127 | 9 | 104 | 9 | 104 |
| 卷八 | 55 | 14 | 34 | 14 | 34 |
| 卷九 | 31 | 12 | 21 | 12 | 21 |

　　由上表可知：首先，《周易注疏校正》所引的錢本異文皆見於《周易注疏》校本，可見《周易注疏校正》此部分確實是從《周易注疏》校本摘錄而來。但《周易注疏校正》擇取的錢本異文數量太少，三卷分別僅占《周易注疏》校本總數的 7%、25%、38%，均不足一半，遂不知盧氏利用錢本校勘之全貌。

　　其次，《周易注疏校勘記》引用的錢本異文也都見於盧氏《周易注疏》校本。如卷一盧氏《周易注疏》校本共引 127 處錢本異文，《周易注疏校勘記》引 104 處，有 23 處為盧氏校本所獨有。如：

　　　　飛龍在天（1／7a／3）錢本「注不行至亦宜乎」，凡單疏一二語者，錢本皆概舉起訖，恐未是。

　　　　元亨利貞為德（1／24b／7）「貞」下錢本有「者」。「者」不必添。

　　再者，《周易注疏校勘記》卷一所引的錢本異文中有兩處文字不同於盧氏《周易注疏》校本，然盧氏校本卻與清人陳鱣鈔錄的錢本一致。一處為「人若得靜而能正」條，《周易注疏校勘記》云：

　　　　閩、監本同。錢本、宋本、毛本「若」作「君」。〔註33〕

盧氏《周易注疏》校本云：

　　　　錢「若」，新同，宋同。（1／31b／8）

陳鱣鈔錄的錢本作：

　　　　人若得靜而能正。

山井鼎《考文》此條云：

─────────────
〔註33〕（清）阮元《周易注疏校勘記》，《續修四庫全書》第180冊影印清嘉慶十三年文選樓刻本，上海古籍出版社，2002年，第295頁。下文所引該書，僅隨文標注書名與頁碼，不一一贅述。

人君得靜，三十一葉右八行，「君」作「若」。〔註34〕

盧氏《周易注疏》校本所引的錢本、陳鱣鈔錄的錢本、《考文》所引的宋本、宋刻八行本《周易注疏》〔註35〕皆作「人若」，而《周易注疏校勘記》卻說錢本、宋本作「人君」。另一處為「小雅云」條，《周易注疏校勘記》云：

　　　錢本、宋本、閩、監、毛本「小」作「爾」。（第297頁）

盧氏《周易注疏》校本作：

　　　宋「小雅」，錢「小爾雅」。（1／46a／8）

陳鱣鈔錄的錢本作：

　　　《小爾雅》云：「杻謂之梏。」

盧氏《周易注疏》校本、陳氏鈔本都指出錢本作「小爾雅」，而《周易注疏校勘記》卻云錢本作「爾雅」。盧氏與陳氏皆見過錢本原書，所云錢本文字一致，可見《周易注疏校勘記》很可能未見過錢本，而是從盧氏《周易注疏》校本轉引，不慎致誤，此可作一旁證。

　　最後，由於《周易注疏校正》摘錄的錢本異文與《周易注疏校勘記》所引的錢本異文並不完全重合，因而會出現《周易注疏校正》有的錢本異文，《周易注疏校勘記》卻沒有，或《周易注疏校正》無，《周易注疏校勘記》卻引及的情況。前者如盧氏《周易注疏》校本《八論》「紂文武之時」云：

　　　「武」作「王」，錢本。（八論／11b／5）

《周易注疏校正》亦云：

　　　錢本「武」作「王」。〔註36〕

而《周易注疏校勘記》卻無錢本異文：

　　　閩本、寫本同。監、毛本「王」誤「武」。（第291頁）

後者如盧氏《周易注疏》校本卷一「矣上下兩體」云：

　　　錢無「矣」，宋作「是」。（1／4b／2）

《周易注疏校勘記》亦云：

　　　閩、監、毛本同。錢本無「矣」字，宋本作「是」。（第292頁）

〔註34〕（日）山井鼎、物觀《七經孟子考文補遺》，國家圖書館出版社，2016年，第16頁。

〔註35〕日本足利學校藏宋刻八行本《周易注疏》，《域外漢籍珍本文庫》第4輯經部第1冊，西南師範大學出版社，2008年，第21頁。

〔註36〕（清）盧文弨《周易注疏校正》，陳東輝主編《盧文弨全集》第1冊，浙江大學出版社，2017年，第4頁。

《周易注疏校正》未引錢本異文：

> 矣，宋本作「是」，屬下句。〔註37〕

　　綜上，《周易注疏校勘記》引據的錢本異文皆見於盧氏《周易注疏》校本，阮元等人很可能沒有見過錢本原書，而是從盧氏《周易注疏》校本轉引，鈔錄時出現多處訛誤。故《周易注疏校勘記》引據的盧氏校勘成果可能源自盧氏《周易注疏》校本，而非出自《周易注疏校正》。

## 二、《周易注疏校勘記》所引盧氏按語皆見於盧氏《周易注疏》校本，而非《周易注疏校正》

　　盧氏《周易注疏》校本的大多數校語僅羅列版本異文，有分析或判定語的數量不多。仍以盧氏校本《序》及卷一、卷八、卷九為例，列表於下：

| | 卷一（序） | 卷八 | 卷九 |
|---|---|---|---|
| 《周易注疏》校本的盧氏按語數量 | 27 | 15 | 10 |
| 《周易注疏校正》的盧氏按語數量 | 12 | 7 | 7 |
| 《周易注疏校勘記》引據的盧氏按語數量 | 6 | 3 | 3 |
| 《周易注疏校正》與《周易注疏》校本盧氏按語重合數量 | 6 | 4 | 3 |
| 《周易注疏校勘記》與盧氏《周易注疏》校本盧氏按語重合數量 | 6 | 3 | 3 |

　　據上表可得有二：一是《周易注疏》校本的盧氏按語數量還是比較多的，《周易注疏校勘記》和《周易注疏校正》擇取的尚不足一半。如盧氏《周易注疏》校本卷一「言防閑邪惡當自存」條云：

> 「當」作「常」，不改亦可。（1／17a／5）

盧氏《周易注疏》校本卷一「正則能敬」云：

> 當作「敬則能正」，且仍舊。（1／37b／9）

以上二例為盧氏《周易注疏》校本所獨有，「不改亦可」「且仍舊」表明盧氏依據上下文意進行推斷，覺得改與不改皆可通。根據上文《周易注疏校正》體例：「及可以意會或兩通者，姑略之」，此或是未被《周易注疏校正》收錄的原因。此外，盧氏《周易注疏》校本中亦有若干重要校語，《周易注疏校

---

〔註37〕　（清）盧文弨《周易注疏校正》，陳東輝主編《盧文弨全集》第 1 冊，浙江大學出版社，2017 年，第 5 頁。

正》與《周易注疏校勘記》卻未收錄，如《周易注疏》校本卷九「光說萬物者」云：

> 崔憬亦作「光說」。（9／8b／7）

盧氏引唐儒崔憬之說很可能是對浦鏜《正字》的質疑，《正字》此條云「『光』疑」。〔註38〕而崔憬之說又是從李鼎祚《周易集解》轉引，《集解》原文作：

> （崔憬）言光說萬物，莫過以澤而成說之也。〔註39〕

二是此三卷《周易注疏校勘記》徵引的盧氏按語共計 12 條，其中卷一 6 條，卷八 3 條，卷九 3 條，皆見於盧氏《周易注疏》校本，詳見下表：

| | 《周易注疏校勘記》 | 盧氏校本 | 《周易注疏校正》 |
|---|---|---|---|
| 卷一：故易者所以斷天地 | 盧文弨云：「按，《乾鑿度》本作『繼天地』，此『斷』字疑誤。」（第291頁） | 盧文弨云：「按，《乾鑿度》本作『繼天地』，此『斷』字疑誤。」（序／6a／4） | 按：《乾鑿度》本作「繼天地」，此「斷」字疑誤。（第4頁） |
| 卷一：以為伏羲畫卦 | 閩、監、毛本同。盧文弨：「當作『重卦』。」「畫」字誤。（第291頁） | 召音弟云：「『畫』當是『重』。」沈同。（序／7a／2） | 余弟紹音文弨云：「當作『重卦』。（第4頁） |
| 卷一：百姓既未離禍患 | 盧文弨云：「『未』字衍文。」（第292頁） | 「未」疑衍。離，罹也。（1／7b／4） | 按：離，訓「罹」。衍「未」字。（第5頁） |
| 卷一：此第二節釋初九爻辭也 | 盧文弨云：「當云『此《文言》第二節，此釋初九爻辭也』，觀下疏自明。」（第293頁） | 當云「此《文言》第二節，此釋初九爻辭也」，觀下疏自明。（1／6a／9） | 當云「此《文言》第二節，此釋初九爻辭也」，觀下疏自明。（第5頁） |
| 卷一：心處僻陋 | 盧文弨云：「『心』疑『身』之誤。」（第293頁） | 「心」當作「身」。（1／17b／6） | 無 |
| 卷一：以上九非位而上九居之 | 盧文弨云：「當作『上非九位而九居之』。」（第294頁） | 當作「上非九位而九居之」。（1／21a／3） | 似當作「上非九位而九居之」。（第5頁） |
| 卷八：生顓頊於弱水 | 盧文弨云：「當作『若水』。」（第340頁） | 當作「若」，《宋‧符瑞志》。（8／7a／7） | 當作「若水」。（第16頁） |
| 卷八：待隼可射之動而射之 | 盧文弨云：「上『之』字下當有『時』字。」（第341頁） | 「之」下有「時」，「動」仍當留。（8／15a／4） | 「之」下當有「時」字。（第16頁） |

〔註38〕（清）浦鏜《十三經注疏正字》，《文淵閣四庫全書》第 192 冊，臺北商務印書館，1983 年，第 32 頁。

〔註39〕（唐）李鼎祚《周易集解》，《北京圖書館古籍珍本叢刊》影印明嘉靖三十六年聚樂堂刻本，第 1 冊，書目文獻出版社，1988 年，第 417 頁。

| 卷八：故言其辭游也 | 閩、監、毛本同，錢本、宋本「游」上有「浮」字。盧文弨云：「『言』字疑衍。」（第 343 頁） | 錢「浮游」，宋同。「言」字疑衍。（8／34a／1） | 「言」疑衍。宋本、錢本「游」上有「浮」字。（第 17 頁） |
|---|---|---|---|
| 卷九：則雷疾風行 | 盧文弨云：「『則』當作『明』，《集解》作『明則』，衍『則』字。」（第 344 頁） | 「則」當作「明」，《集解》「明則」並出，亦非。（9／7a／7） | 「則」當作「明」，《集解》作「明則」，衍「則」字。（第 18 頁） |
| 卷九：馬後足白為驔 | 盧文弨云：「依《爾雅》，『足』上當有『左』字。」（第 345 頁） | 「足」上當有「左」字，依《爾雅》。（9／10a／7） | 依《爾雅》，「足」上當有「左」字。（第 18 頁） |
| 卷九：故以取其人理也 | 閩、監、毛本同，錢本、宋本「人」作「義」。盧文弨云：「句上疑有脫字。」（第 345 頁） | 錢「義」，宋同。脫一句。（9／13b／8） | 宋本、錢本「人」作「義」。句上疑有脫文。（第 18 頁） |

　　顧永新曾統計《周易正義序》、《八論》和卷一〈乾卦〉，指出《周易注疏校勘記》共引盧氏批校語 6 條，其中 5 條見於《周易注疏校正》，而「心處僻陋」條「實乃《正字》校語，不見於《周易注疏校正》，誤引作盧氏」。[註40]可見顧永新主張《周易注疏校勘記》引用的盧氏按語出自《周易注疏校正》，將不見於《周易注疏校正》的「心處僻陋」條認為源自《正字》。今據上表，《周易注疏校勘記》所引的 12 條盧氏按語皆見於盧氏《周易注疏》校本，「心處僻陋」條的校語雖來自浦鏜《正字》[註41]，但被盧氏《周易注疏》校本徵引，未標明出處。綜上，《周易注疏校勘記》所引的盧氏按語當源自盧氏《周易注疏》校本，而非《周易注疏校正》。

## 三、三書共有的條目，《周易注疏校勘記》所引內容與盧氏《周易注疏》校本一致，與《周易注疏校正》不同

　　盧氏《周易注疏》校本、《周易注疏校正》和《周易注疏校勘記》有若干共有條目，但內容卻存有差別，對勘這類校記，更能直觀反映三書關係。如盧氏《周易注疏》校本卷九〈序卦〉「決必有所遇」云：

　　　　錢無「所」，宋、古、足同。（9／17b／8）

---

〔註40〕顧永新《錢求赤鈔本〈周易注疏〉考實》，《文獻》2018 年第 1 期，第 54 頁。
〔註41〕（清）浦鏜《十三經注疏正字》，《文淵閣四庫全書》第 192 冊，臺北商務印書館，1983 年，第 6 頁。

《周易注疏校勘記》作：

> 石經、岳本、錢本、宋本、古本、足利本同。閩、監、毛本「有」
> 下衍「所」字。（第346頁）

《周易注疏校正》作：

> 舊各本俱無「所」字，程傳亦同，唯朱子有「所」字。〔註42〕

此條《周易注疏校勘記》與盧氏《周易注疏》校本所述一致，與《周易注疏校正》不同。《周易注疏校正》增引了程氏《易傳》與朱子《周易本義》，實轉引自《考文》山井鼎按語。《考文》原文作：

> 決必有所遇，（古本）無「所」字，足利本、宋板同。謹按：朱
> 熹《本義》本有「所」字，程氏《易傳》本與古本同。〔註43〕

又如盧氏《周易注疏》校本卷九《序卦》「其於《序卦》之外別言也。昔者聖人」作：

> 「昔」，錢「此」，宋同。（9／18a／9）

《周易注疏校勘記》作：

> 錢本、宋本同。閩、監、毛本「此」作「昔」。（第346頁）

《周易注疏校正》作：

> 古本、錢本「也」作「此」，衍「昔」字。〔註44〕

此條《周易注疏校勘記》與盧氏《周易注疏》校本相同，皆云錢本、宋本作「此」，與《周易注疏校正》不同，可見《周易注疏校勘記》所據為盧氏《周易注疏》校本。

綜上，《周易注疏校勘記》所引的錢本異文與盧氏按語皆見於盧氏《周易注疏》校本，而非《周易注疏校正》，即使三書皆有的條目，《周易注疏校勘記》與盧氏《周易注疏》校本一致，與《周易注疏校正》不同，可見《周易注疏校勘記》所引的盧氏校勘成果出自盧氏《周易注疏》校本，而非《周易注疏校正》。

---

〔註42〕（清）盧文弨《周易注疏校正》，陳東輝主編《盧文弨全集》第1冊，浙江大學出版社，2017年，第18頁。

〔註43〕（日）山井鼎、物觀《七經孟子考文補遺》，國家圖書館出版社，2016年，第52頁。

〔註44〕（清）盧文弨《周易注疏校正》，陳東輝主編《盧文弨全集》第1冊，浙江大學出版社，2017年，第18頁。

## 四、《周易注疏校勘記》圈後按語很可能參考《周易注疏校正》

上文已基本明晰《周易注疏校勘記》主要引用的是盧氏《周易注疏》校本，而非《周易注疏校正》。但筆者在研讀文本時，亦發現《周易注疏校勘記》似參考過《周易注疏校正》的蛛絲馬蹟，試分析如下：

阮元《十三經注疏校勘記》中的部分校記有圈後按語，故學界多主張《十三經注疏校勘記》具有雙層結構，存在初校與復校之分。〔註45〕而上文涉及的《周易注疏校勘記》條目皆無圈後按語，那麼《周易注疏校勘記》的圈後按語是否參考過《周易注疏校正》？試舉二例：

其一，《周易注疏校勘記》卷九「周易雜卦第十一」條云：

> 石經、《釋文》、岳本、錢本、錢校本同。古本「卦」下有「傳」
> 字。○按，監本此節注文全脫，當依此補。（第346頁）

《周易注疏校正》此條云：

> 周易雜卦第十一。監本脫注，當依此補。〔註46〕

盧氏《周易注疏》校本無此條，似是盧氏編纂《周易注疏校正》後增條目。此條《周易注疏校勘記》圈後按語與《周易注疏校正》皆指出監本脫注文，然筆者翻閱萬曆北監本和重修監本〔註47〕，此段皆有注文，並無脫漏。查閱《周易注疏》其他版本〔註48〕，僅有清武英殿刻本《周易注疏》此處脫注文。可見《周易注疏校正》將「官本」誤作「監本」，《周易注疏校勘記》圈後按語沒有查閱監本原書，直接承襲《周易注疏校正》之語而來。而將「官本」誤作「監本」者，《周易注疏校正》還有其他例。如：

---

〔註45〕關於此問題，可參見李慧玲《毛詩注疏（附校勘記）研究》第三章第四節《首創初校、複校、三校制度》，華東師範大學博士學位論文，2008年，第107～120頁；董洪利、王耐剛《從〈孟子注疏校勘記〉看段玉裁與〈十三經注疏校勘記〉修纂之關係》，《國學學刊》2013年第3期，第75～81頁；張學謙《〈周易注疏校勘記〉編纂考》，《版本目錄學研究》第7輯，第307～330頁。

〔註46〕（清）盧文弨《周易注疏校正》，陳東輝主編《盧文弨全集》第1冊，浙江大學出版社，2017年，第18頁。

〔註47〕目前學界最常使用的是德國巴伐利亞國家圖書館藏明萬曆國子監刻本《周易兼義》，日本內閣文庫藏萬曆重修監本《周易兼義》。

〔註48〕目前存世的《周易》版本主要有：宋刻經注本、宋刻經注附《釋文》本、單疏本、宋刻八行本、元刻十行本、永樂本、元刻明修本、正德本、閩本、監本、毛本、殿本、阮刻本等，而關於每個版本的介紹及所藏地，請參考張麗娟《宋代經書注疏刊刻研究》附錄《今存宋刻經書注疏版本簡目》，北京大學出版社，2013年，第415～417頁。

「止之」上，古本、足利本有「動必」二字，監本亦同。(《周
易注疏校正》卷十三「物不可以終動止之」條)〔註49〕

《周易注疏校勘記》此條云：

石經、閩、監、毛本同。岳本、古本、足利本「止上」有「動
必」二字。(第346頁)

盧氏《周易注疏》校本云：

古本、足利本有「動必」二字，新有。

盧氏校本指出殿本（即新本）有「動必」二字，《周易注疏校勘記》則云監本
無此二字。經筆者核實，萬曆監本與重修監本確無此二字，而殿本有。可見，
《周易注疏校正》將「官本」誤作「監本」，亦說明《周易注疏校勘記》此條
（無圈後按語）沒有參考過《周易注疏校正》。

　　其二，《周易注疏校勘記》卷九「言是伏羲非文王等」條云：

閩、監、毛本同。錢本、宋本「言」作「明」。○按，《集解》
作「明是伏羲，非謂文王也」。(第344頁)

盧氏《周易注疏》校本作：

錢「明」，宋同。沈從李。

《周易注疏校正》則作：

《集解》作：「明是伏羲，非謂文王也。」宋本、錢本「言」亦
作「明」。〔註50〕

盧氏《周易注疏》校本指出錢本、宋本「言」作「明」，並云「沈從李」。然李
鼎祚《周易集解》作「明是伏羲，非謂文王也」，與毛本此句有三處異文，除
了「言」作「明」外，還有「非」後有「謂」字，「等」作「也」，後兩處異文
盧氏《周易注疏》校本沒有提及。可見盧氏校本所據為浦鏜《正字》〔註51〕，
表明盧氏僅知道《正字》依據《集解》，卻並未核對《集解》原文。《周易注疏
校勘記》圈前校語亦僅言錢本、宋本「言」作「明」，可見圈前按語依據盧氏
《周易注疏》校本。而《周易注疏校正》則重新核對《集解》原文，直引《集

---

〔註49〕（清）盧文弨《周易注疏校正》，陳東輝主編《盧文弨全集》第1冊，浙江大
　　　　學出版社，2017年，第18頁。

〔註50〕（清）盧文弨《周易注疏校正》，陳東輝主編《盧文弨全集》第1冊，浙江大
　　　　學出版社，2017年，第17頁。

〔註51〕（清）浦鏜《十三經注疏正字》此條云：「『明』誤『言』。」《文淵閣四庫全
　　　　書》第192冊，臺北商務印書館，1983年，第32頁。

解》，未提《正字》，《周易注疏校勘記》圈後按語亦直引《集解》，此當據《周易注疏校正》而來。以上二例，可見《周易注疏校勘記》圈後按語似參考過《周易注疏校正》。

綜上所述，通過三方面考察得出：《周易注疏校勘記》所引的錢本異文和盧氏按語皆見於盧氏《周易注疏》校本，而非《周易注疏校正》，即使三書同有的條目，《周易注疏校勘記》的內容與盧氏校本相同，與《周易注疏校正》不一致，可見《周易注疏校勘記》所引的盧氏校勘成果出自盧氏《周易注疏》校本，而非《周易注疏校正》。然另一方面，《周易注疏校勘記》與《周易注疏校正》並非完全沒有關係，《周易注疏校勘記》的若干圈後按語似曾參考過《周易注疏校正》。

## 第三節　阮元《周易注疏校勘記》對盧文弨《周易注疏》校本的承襲與推進

由上文，我們可以排除《周易注疏校正》，將重點放在盧氏《周易注疏》校本上，進一步探究盧氏校本與《周易注疏校勘記》的關係，以下從承襲與推進兩個方面詳細考析。

### 一、阮元《周易注疏校勘記》對盧氏《周易注疏》校本的承襲

詳勘盧氏《周易注疏》校本與《周易注疏校勘記》，會發現《周易注疏校勘記》除了明確標明徵引盧氏之說的內容外，還存在大量與盧氏校本重合，卻未標明來源的條目，試以《周易注疏校勘記》卷一、卷四、卷五、卷八、卷九為例，統計於下：

| | 《周易注疏校勘記》條目數 | 盧氏《周易注疏》校本條目數 | 二書重合條目數 | 《周易注疏校勘記》獨有條目數 | 盧氏《周易注疏》校本獨有條目數 |
|---|---|---|---|---|---|
| 卷一 | 277 | 227 | 186 | 91 | 41 |
| 卷四 | 218 | 195 | 139 | 79 | 56 |
| 卷五 | 228 | 201 | 125 | 103 | 76 |
| 卷八 | 157 | 166 | 104 | 53 | 62 |
| 卷九 | 118 | 106 | 71 | 47 | 35 |
| 合計 | 998 | 895 | 625 | 373 | 270 |

據上表，二書重合的條目達 600 餘條，占《周易注疏校勘記》條目總數的 62.6%，這意味著《周易注疏校勘記》有超過一半的條目存在參考盧氏《周易注疏》校本的可能，可見《周易注疏校勘記》對盧氏《周易注疏》校本的使用遠不止徵引幾條校記那麼簡單，這些重合條目，便是討論二書承襲關係的直接材料。以下分三個方面具體考察。

## （一）羅列版本異文

《周易注疏校勘記》詳細羅列了不同版本的異文，而盧氏《周易注疏》校本的大部分校記亦是如此。欲比對這部分內容，首先要明晰二書所使用的版本有哪些。《周易注疏校勘記》書前《引據各本目錄》所列版本有：唐石經、武英殿翻刻岳本、山井鼎《考文》中的古本、足利本和宋八行本、錢本、十行本（即阮刻底本，實為元刻明修十行本）、閩本、監本、毛本。而盧氏《周易注疏》校本卷前題識云：

> 明天啟時有錢孫保求赤號匪莪影宋鈔本，與毛氏本科段大不相同，今武英殿本略近之，而亦未全是也。今取以校正，稱錢本，其殿本稱新本。盧文弨識。

由上，盧氏是以毛本為底本，參校錢本和殿本，還徵引了山井鼎《考文》古本、足利本和宋八行本，以及明神廟本。由此，盧氏《周易注疏》校本和《周易注疏校勘記》共同採用的版本有四個：錢本、《考文》中的古本、足利本、宋八行本。以下進行逐一比勘，具體分析二書對四個版本使用的承襲情況。

### 1. 錢本

明末清初藏書家錢求赤《周易注疏》鈔本曾參校宋刻諸本，保存了重要的異文信息。盧文弨曾得見錢本，以「影宋鈔本」贊之，成為他批校《周易注疏》的主要參校本〔註 52〕。《周易注疏校勘記》亦大量引用錢本異文。而據汪紹楹、顧永新等學者考察，阮元等人並未見過錢本原書，實乃轉引自盧氏傳校本，「且已不辨其出自錢曾抑或錢求赤」〔註 53〕，此論甚確。然鑒於以前的研究並不是據盧氏校本直接得來，故仍可作進一步補充考述。以《周易注疏校勘記》卷一、卷四、卷五、卷八、卷九為例，統計二書參引「錢本」

---

〔註 52〕據顧永新《錢求赤鈔本〈周易注疏〉考實》考察：「錢本並非影宋鈔本，而是以宋刻宋元遞修八行本和明萬曆北監本為主體，兼及單疏本和經注本，匯校各本異文重構而成的、新的校定本。」（第 52 頁）

〔註 53〕顧永新：《錢求赤鈔本〈周易注疏〉考實》，《文獻》2018 年第 1 期，第 53 頁。

情況，見下表：

| | 《周易注疏校勘記》引錢本條目數 | 盧氏《周易注疏》校本引錢本條目數 | 二書重合條目數 |
|---|---|---|---|
| 卷一 | 104 | 127 | 104 |
| 卷四 | 55 | 71 | 55 |
| 卷五 | 46 | 79 | 46 |
| 卷八 | 34 | 55 | 34 |
| 卷九 | 21 | 31 | 21 |
| 合計 | 260 | 363 | 260 |

由上可直觀看出《周易注疏校勘記》所引的錢本異文皆見於盧氏《周易注疏》校本。而進一步分析這些重合的校記，我們就會發現《周易注疏校勘記》對錢本的利用與盧氏《周易注疏》校本存在明顯的承襲關係：二書皆以羅列錢本異文為主，有按斷語的條目較少，且盧氏《周易注疏》校本的九條按斷語皆見於《周易注疏校勘記》。如盧氏《周易注疏》校本卷四《晉卦》疏文「不成一伎王」云：

> 宋、錢「術」。《顏氏家訓》作「不成技術」，知「王」字誤。（4
> / 20b / 5）

《周易注疏校勘記》作：

> 閩、監、毛本同。錢本、宋本「王」作「術」。盧文弨云：「《顏
> 氏家訓》作『不成技術』，知『王』字誤也。」（第 318 頁）

盧氏《周易注疏》校本卷八《繫辭下》疏文「故言其辭游也」云：

> 錢「浮游」，宋同。「言」字疑衍。（8 / 34a / 1）

《周易注疏校勘記》作：

> 閩、監、毛本同。錢本、宋本「游」上有「浮」字。盧文弨云：
> 「『言』字疑衍。」（第 343 頁）

據劉玉才考察，《周易注疏校勘記》初稿由李銳執筆，止校文字異同，甚少論斷，其中的按斷語、所引李鼎祚《周易集解》異文以及盧文弨、浦鏜等人的校勘成果，為嚴傑、阮元後來增補。〔註54〕故這些按斷語當為嚴傑或阮元補入。

---

〔註54〕劉玉才《阮元〈十三經注疏校勘記〉成書蠡測》，《國學研究》2015 年第 35
卷，第 7～11 頁。

此外,《周易注疏校勘記》卷一所引的錢本異文有兩處文字不同於盧氏《周易注疏》校本,然盧氏校本卻與清人陳鱣鈔錄的錢本一致。一處是「人若得靜而能正」條,一處是「小雅云」條(詳見上文)。可見《周易注疏校勘記》並未見過錢本,而是從盧氏《周易注疏》校本轉引,不慎致誤。

綜上,通過對勘,可以明晰《周易注疏校勘記》的按語來源與致誤緣由,釐清《周易注疏校勘記》對盧氏《周易注疏》校本的承襲關係。

### 2.《考文》古本、足利本、宋本

乾隆四十四年(1779),盧文弨於友人鮑廷博處獲見日本學者山井鼎、物觀《考文》一書,感歎「海外小邦,猶有能讀書者,頗得吾中國舊本及宋代梓本,前明公私所梓覆三四本,合以參校,其議論亦有可採。然猶憾其於古本、宋本之訛誤者,不能盡加別擇,因始發憤為之刪訂,先自《周易》始,亦既有成編矣。」由此,盧氏雖讚歎《考文》的優點,但也指出其不足,進而萌生刪訂想法,與自己的校勘成果合併為一書,故盧氏《周易注疏》校本中大量引用《考文》古本、足利本、宋本異文。《周易注疏校勘記》亦徵引了諸多《考文》的版本異文。對勘二書此部分,可以看出《周易注疏校勘記》十分明顯的承襲痕跡。統計如下:

| | 《周易注疏校勘記》引古本條目 | 盧氏《周易注疏》校本引古本條目 | 二書重合條目 | 《周易注疏校勘記》引足利本條目 | 盧氏《周易注疏》校本引足利本條目 | 二書重合條目 | 《周易注疏校勘記》引宋本條目 | 盧氏《周易注疏》校本引宋本條目 | 二書重合條目 |
|---|---|---|---|---|---|---|---|---|---|
| 卷一 | 67 | 34 | 32 | 26 | 26 | 26 | 123 | 125 | 121 |
| 卷四 | 94 | 78 | 77 | 30 | 28 | 28 | 75 | 74 | 73 |
| 卷五 | 77 | 52 | 52 | 27 | 27 | 26 | 85 | 80 | 80 |
| 卷八 | 63 | 49 | 46 | 22 | 20 | 20 | 57 | 57 | 55 |
| 卷九 | 47 | 41 | 39 | 16 | 15 | 15 | 43 | 44 | 43 |
| 合計 | 348 | 254 | 246 | 121 | 116 | 115 | 383 | 380 | 372 |

由上,此五卷《周易注疏校勘記》與盧氏《周易注疏》校本重合的條目分別有 246、115、372 條,約占《周易注疏校勘記》條目總數的 70%、95%、97%。如此高的重合度,反映出二書都頗重視《考文》,吸收了其絕大部分校勘成果。但是,條目重合仍舊是一種較為籠統的表面現象,不能直接說明二

書有承襲關係。而通過進一步考察，我們發現《周易注疏校勘記》確實有承襲盧氏《周易注疏》校本的蛛絲馬蹟，尤其是盧氏《周易注疏》校本所引《考文》本身有誤，《周易注疏校勘記》未翻檢原書，徑直承襲其錯誤，此類例子是證實《周易注疏校勘記》承襲盧氏《周易注疏》校本的最有力證據，試舉二例。

《周易注疏校勘記》卷一《乾卦》疏文「欲進於王位，猶豫遲疑」條云：

　　閩、監、毛本同，下同。宋本「遲」作「持」，與注合。（第 292 頁）

此句出自毛本卷一《乾卦》「九四：或躍在淵」疏文，其中「遲疑」二字共出現四處：「猶若聖人位漸尊高，欲進於王位，猶豫遲疑」「云無咎者，以其遲疑進退」「居非所安，遲疑猶豫」「故遲疑猶豫，未敢決斷」。對照阮刻本《周易兼義》正文，僅第三處「居非所安，遲疑猶豫」作「持疑」，其餘三處皆作「遲疑」，其中第一處「欲進於王位，猶豫遲疑」旁有圈識，即《周易注疏校勘記》出校之處。〔註55〕

而盧氏《周易注疏》校本將毛本四處「遲疑」皆改作「持疑」，並在第一處「欲進於王位，猶豫遲疑」旁作「宋『持』」。翻查《考文》之《周易注疏》卷一，僅有「居非所安，遲疑猶豫」一條，原文作「遲疑猶豫，七葉右三行（毛本位置，筆者加），『遲』作『持』」。〔註56〕再查《考文》所據的足利學校藏宋刻八行本《周易注疏》此段疏文，僅「居非所安，遲疑猶豫」之「遲疑」作「持疑」，其餘三處皆作「遲疑」〔註57〕，與《考文》所述一致。

由上，盧氏或誤讀《考文》，或依據自己的觀點，或採納浦鏜的見解〔註58〕，將毛本四處「遲疑」皆改作「持疑」。《周易注疏校勘記》云「下同」，亦認為宋本四處皆作「持疑」，極有可能未查閱《考文》原書，而是承襲盧氏

〔註55〕（清）阮元校刻《十三經注疏・周易兼義》，中華書局，2009 年，第 22～23 頁。

〔註56〕（日）山井鼎、物觀《七經孟子考文補遺》，國家圖書館出版社，2016 年，第 14 頁。

〔註57〕日本足利學校藏宋八行本《周易注疏》，《域外漢籍珍本文庫》第 4 輯經部第 1 冊，西南師範大學出版社，2008 年，第 8 頁。

〔註58〕（清）浦鏜《十三經注疏正字》於第 1 處出校曰：「疏猶豫遲疑：『遲疑』當依注作『持疑』，後並同。」（《文淵閣四庫全書》第 192 冊，第 5 頁）「後並同」，可知浦鏜主張後面三處亦當作「持疑」。故盧氏將毛本四處「遲疑」皆改作「持疑」，也有可能是採納《正字》之說。

的校改，錯誤地認為《考文》宋本作「持疑」。承襲之跡，此一明證。

《周易注疏校勘記》卷八《繫辭下》疏文「情謂情實」條：

「閩、監、毛本同。錢本、宋本『情實』作『實情』。」（第 343
頁）

此句出自毛本卷八《繫辭下》疏文，原文作「《正義》曰：情謂實情，偽
謂虛偽，虛實相感。若以情實相感，則利生。」阮刻本正文相同，其中「情謂
實情」旁有圈識，即《周易注疏校勘記》出校之處。

盧氏《周易注疏》校本將「情謂實情」之「實情」互乙，云「錢、宋乙」。
翻查《考文》之《周易注疏》卷八，僅有一句疏文「若以情實相感（三十三葉
左五行）『情實』作『實情』。」〔註59〕再查足利學校藏宋八行本《周易注疏》
疏文，作「情謂實情，偽謂虛偽，虛實相感。若以實情相感，則利生」〔註60〕，
與《考文》一致。由此，盧氏將《考文》所校的「若以情實相感」之「情實」
誤看成前一句「情謂實情」之「實情」。可見《周易注疏校勘記》沒有查看《考
文》原書，徑直承襲盧氏校本之誤，此又一明證。

由上，通過比勘二書，方可弄清《周易注疏校勘記》致誤的真正緣由，
亦可見《周易注疏校勘記》十分明顯的承襲關係。

### 3. 殿本

盧氏《周易注疏》校本還參引了相當數量的武英殿本《周易注疏》異文
（盧氏校本稱「新本」），然《周易注疏校勘記》中「殿本」未出現一次。阮元
等人因何不使用殿本，其間緣由值得深思。〔註61〕然對勘盧氏《周易注疏》
校本，可知《周易注疏校勘記》並非絕對不涉及殿本，其徵引殿本時會在表
述上作一些處理，並不直言「殿本」或「官本」〔註62〕。如《周易注疏校勘
記》卷七《繫辭上》疏文「而載易之爻辭也」條：

〔註59〕（日）山井鼎、物觀《七經孟子考文補遺》，國家圖書館出版社，2016 年，第
50 頁。

〔註60〕日本足利學校藏宋八行本《周易注疏》，《域外漢籍珍本文庫》第 4 輯經部第
1 冊，西南師範大學出版社，2008 年，第 195 頁。

〔註61〕此問題可參考邱亮、唐生周《漢宋分幟與〈十三經注疏〉兩種校考記的形成
——兼談阮刻本對殿本避而不談的原因》，《浙江學刊》2016 年第 6 期，第 74
～81 頁。

〔註62〕井超亦發現阮校記存在暗引殿本的情況，對原因有一定分析，詳見《阮元校
勘〈十三經注疏〉暗引殿本瑣議》，《古籍整理研究學刊》2018 年第 2 期，第
94～97 頁。

　　　　　盧文弨校本「而」作「兩」。（第 337 頁）

盧氏《周易注疏》校本作：

　　　　　「而」，新「兩」。（7 / 27a / 1）

此條盧氏《周易注疏》校本引殿本作「兩」，《周易注疏校勘記》承襲而來，但不云殿本，改成「盧文弨校本。」

　　又如《周易注疏校勘記》卷四疏文「有慶者委任得人」條：

　　　　　盧文弨云：「疏讀『失得勿恤往』為句。故此上無『往』字。」

　　（第 318 頁）

初讀此條校記，不明盧氏所云。對照盧氏《周易注疏》校本，此句出自毛本卷四《晉卦》「象曰：失得勿恤往，有慶也」疏文，原文作「《正義》曰：有慶者，委任得人」。盧氏校本於「《正義》曰」下增「往」字，云「『往』，新添」，又於天頭云「案，疏讀『失得勿恤往』為句，故此上無『往』字」。由此，盧氏的校語是針對殿本而言，殿本認為「往」屬下讀，而盧氏認為「往」屬上讀，否定殿本增「往」字。《周易注疏校勘記》僅轉引盧氏校語，卻刪去所涉殿本信息，遂不知所云。

　　此二例亦可作為《周易注疏校勘記》承襲盧氏《周易注疏》校本之明證。

## （二）引據前人著作

　　阮元《十三經注疏校勘記》不僅彙集了當時所能見到的各種經書版本，進行版本對校，羅列各本異同，還廣泛吸收了毛居正、王應麟、惠棟、浦鏜、盧文弨、陳樹華、段玉裁等多位學者的校勘成果，可謂彙集眾家，博採群言。具體到《周易注疏校勘記》，主要引用了李鼎祚、毛居正、浦鏜、惠棟、錢大昕、孫志祖等人的著作，其中數量最多的是浦鏜《正字》和李鼎祚《集解》。翻閱盧氏《周易注疏》校本，盧氏校勘《周易注疏》亦主要參引了《正字》與《集解》。對勘二書此部分校語，亦可探析其間的承襲關係。

### 1. 浦鏜《十三經注疏正字》

　　盧氏獲見《考文》之後，又於乾隆四十五年（1780）從翁方綱處得見浦鏜《正字》。鑒於《考文》與《正字》互有優劣，盧氏「兼取所長，略其所短」，重為整頓，成《周易注疏輯正》一書。盧氏此舉開創了一條重要且可行的校勘《十三經注疏》的研究路徑，對阮元等人深有啟發，《周易注疏校勘記》亦採入浦鏜《正字》。相關統計如下：

| | 《周易注疏校勘記》引《正字》條目數 | 盧氏《周易注疏》校本引《正字》條目數 | 二書重合條目數 |
|---|---|---|---|
| 卷一 | 5 | 20 | 4 |
| 卷二 | 1 | 19 | 1 |
| 卷三 | 4 | 21 | 4 |
| 卷四 | 3 | 11 | 3 |
| 卷五 | 0 | 19 | 0 |
| 卷六 | 0 | 13 | 0 |
| 卷七 | 2 | 10 | 2 |
| 卷八 | 8 | 29 | 8 |
| 卷九 | 0 | 13 | 0 |
| 合計 | 23 | 155 | 22 |

　　據上表，《周易注疏校勘記》所引《正字》除卷一「陽三陰四」條外，其餘皆見於盧氏《周易注疏》校本。雖然此條或可表明《周易注疏校勘記》曾自行翻閱《正字》，然其餘的 22 條重合條目仍能透漏出二書之間的密切關係。更重要的是，其中某些重合之處，只能對勘盧氏《周易注疏》校本，才能明晰《周易注疏校勘記》因何致誤。如《周易注疏校勘記》卷八疏文「皆習包犧氏之號也」條：

　　　　浦鏜云：「『習』當作『襲』。」（第 340 頁）

此句出自毛本卷八《繫辭下》疏文，原文作「女媧氏沒，次有大庭氏、柏黃氏、中央氏、栗陸氏、驪連氏、赫胥氏、尊盧氏、混沌氏、皞英氏、有巢氏、朱襄氏、葛天氏、陰康氏、無懷氏，凡十五世，皆習包義氏之號也」。」盧氏校本對此句進行了五處修改，「大庭氏」下增『王有天下次有」六字、「柏黃」改作「柏皇」、「尊盧氏」下增「祝融氏」、「皞英」改作「昊英」、「皆習」改作「皆襲」，並於頁腳下寫一「沈（即沈庭芳）」字，表明以上改訂都依據《正字》。〔註63〕然翻閱《正字》卻不見「皆習」改作「皆襲」條。

---

〔註63〕按照盧氏校本的全書體例，凡一段中有數處文字依據同一種書修改者，基本是在此段文字下方統一標注出處，故此處標注「沈」，表明以上 5 處改訂都依據《正字》。按，《十三經注疏正字》目前只有一個版本，即《四庫全書》本，題作「清沈廷芳撰」，然此書實際的作者是浦鏜，說詳李慧玲《阮刻〈毛詩注疏（附校勘記）〉研究》，第 175～185 頁。盧文弨《周易注疏》校本引該書時標注「沈」，而在《周易注疏輯正題辭》中直言作者是浦鏜（《抱經堂文集》

〔註64〕可見，《周易注疏校勘記》並沒有親自翻閱《正字》，而是從盧氏《周易注疏》校本轉引，不慎把盧氏校語當作《正字》原文，留下明顯的承襲痕跡。

此外，《周易注疏校勘記》明確標明引自盧氏按斷語的校記有 39 條，有 11 條內容卻與《正字》一致。如《周易注疏校勘記》卷八《繫辭下》疏文「待隼可射之動而射之」條：

> 盧文弨云：「上『之』字下當有『時』字。」嚴傑云：「『動』疑『時』字之誤。」（第 341 頁）

盧氏《周易注疏》校本於第一個「之」字旁作：

> 「之」下有「時」。（8／15a／4）

浦鏜《正字》云：

> 上「射之」下當脫「時」字。〔註65〕

再如《周易注疏校勘記》卷二《謙卦》疏文「卑謙而不可踰越」條作：

> 《集解》作「卑者有謙而不踰越」。盧文弨云：「《論語疏》所引正同。」（第 305 頁）

盧氏《周易注疏》校本於「卑」下增「者有」二字，並云：

> 二字見《論語疏》並《集解》（2／50a／2）

浦鏜《正字》云：

> 脫「者有」二字，從《論語疏》校。〔註66〕

由上，此 11 條校記盧氏校本直接引用浦鏜《正字》的校勘意見，但未標明出處。《周易注疏校勘記》亦直言「盧文弨云」，誤當作盧氏之功，顯然未仔細翻閱《正字》原書，逕直承襲盧氏《周易注疏》校本而來。

### 2. 李鼎祚《周易集解》

盧氏《周易注疏》校本還多次引用李鼎祚《集解》，《周易注疏校勘記》中亦有相當數量的《集解》引文。然稍作統計就會發現，二書所引《集解》異

---

卷七，第 85 頁），很可能盧氏初得此書時尚不知作者是浦鏜。

〔註64〕（清）浦鏜《十三經注疏正字》，《文淵閣四庫全書》第 192 冊，臺灣商務印書館，1983 年，第 29 頁。

〔註65〕（清）浦鏜《十三經注疏正字》，《文淵閣四庫全書》第 192 冊，臺灣商務印書館，1983 年，第 30 頁。

〔註66〕（清）浦鏜《十三經注疏正字》，《文淵閣四庫全書》第 192 冊，臺灣商務印書館，1983 年，第 12 頁。

文多有重合，如下：

| | 《周易注疏校勘記》引《集解》條目數 | 盧氏《周易注疏》校本引《集解》條目數 | 二書重合條目數 |
|---|---|---|---|
| 卷一 | 6 | 3 | 3 |
| 卷二 | 17 | 16 | 15 |
| 卷三 | 12 | 14 | 12 |
| 卷四 | 4 | 3 | 3 |
| 卷五 | 4 | 4 | 3 |
| 卷六 | 3 | 6 | 3 |
| 卷七 | 3 | 5 | 3 |
| 卷八 | 8 | 17 | 8 |
| 卷九 | 4 | 14 | 3 |
| 合計 | 60 | 82 | 53 |

　　從上表可見，《周易注疏校勘記》僅新增了 7 條《集解》引文，其餘 53 處皆與盧氏《周易注疏》校本重合，其中亦有體現二書承襲關係的痕跡。

　　首先，盧氏《周易注疏》校本所引《集解》多從《正字》轉引，而《周易注疏校勘記》所引《集解》又多從盧氏校本轉引。如盧氏《周易注疏》校本卷四《家人》注文「為一家之長者也」條，盧氏刪「者也」二字，云：

　　　　沈從李。（4／27b／5）

浦鏜《正字》此條云：

　　　　下衍「者也」二字，從《集解》校。〔註67〕

《周易注疏校勘記》云：

　　　　岳本、閩、監、毛本同。《集解》無「者也」二字。（第 319 頁）

　　其次，存在《周易注疏校勘記》未翻閱《集解》原書，從盧氏《周易注疏》校本轉引時不慎致誤之例。如《周易注疏校勘記》卷九注文「謙者不自重大」條：

　　　　《集解》作「不自任也」。（第 347 頁）

此句出自毛本卷九《雜卦》「謙輕而豫怠也」注文，然《集解》卷十七「謙輕而豫怠也」下作「謙位三，賤，故輕。豫薦樂祖考，故怡。怡或言怠

_____

〔註67〕（清）浦鏜《十三經注疏正字》，《文淵閣四庫全書》第 192 冊，臺灣商務印書館，1983 年，第 17 頁。

也」。〔註68〕進而查閱《集解》全書，並沒有「不自任也」句，遂不知《周易注疏校勘記》引自何處。對照盧氏《周易注疏》校本，盧氏於注文「重大」二字旁作「任也」，並加一「盧」字，給人直接印象，此處應是盧文弨修改。然事實並非如此，查閱《正字》此條作「『重大』，盧本作『任也』」。〔註69〕據王曉靜考察，浦鏜《正字》所引「盧本」乃是明人盧復輯《三經晉注》本《周易》〔註70〕。故此「盧」非指盧文弨本人，而是盧氏轉引自《正字》。由此可見，《周易注疏校勘記》沒有查閱《正字》與《集解》，僅依據盧氏《周易注疏》校本，就想當然地認為盧氏《周易注疏》校本參考《集解》而來，承襲痕跡甚為明晰。

上舉之例足以證明《周易注疏校勘記》對盧氏《周易注疏》校本的承襲關係。

### （三）盧文弨按斷語

除上述外，《周易注疏校勘記》還引用了不少盧氏的按斷語，可分兩種情況。第一是《周易注疏校勘記》明確標明引自盧氏的按斷語，共計39條，皆見於盧氏《周易注疏》校本。然其中若干條《周易注疏校勘記》徵引盧氏按語並不完整，以致表述不清或遺漏材料來源。如《周易注疏校勘記》卷一疏文「百姓既未離禍患」條作：

> 盧文弨云：「『未』字衍文。」（第292頁）

而盧氏《周易注疏》校本則作：

> 「未」疑衍。離，罹也。（1／7b／4）

此句出自《乾卦》疏文「百姓既未離禍患，須當拯救」。僅憑藉《周易注疏校勘記》，依盧氏之說，無「未」字，然句意殊不通，百姓既已離禍患，何須拯救？可見盧說不確。然翻閱盧氏《周易注疏》校本，盧氏又云「離，罹也」，若此，則文義明晰，但不知盧氏是何依據。《周易注疏校勘記》截取前文而捨棄後語，以致文義乖舛，甚謬。

又如《周易注疏校勘記》卷八《繫辭下》疏文「生顓頊於弱水」條作：

〔註68〕（唐）李鼎祚《周易集解》，《北京圖書館古籍珍本叢刊》據明嘉靖三十六年聚樂堂刻本縮印，第1冊，書目文獻出版社，1988年，第311頁。

〔註69〕（清）浦鏜《十三經注疏正字》，《文淵閣四庫全書》第192冊，臺灣商務印書館，1983年，第34頁。

〔註70〕王曉靜《清代浦鏜〈周易注疏正字〉盧本發覆》，《天一閣文叢》第16輯，浙江古籍出版社，2019年，第66～74頁。

盧文弨云：「當作『若水』。」（第 340 頁）

而盧氏《周易注疏》校本則作：

當作「若水」，《宋·符瑞志》。（8／7a／7）

盧氏校本認為「弱水」當作「若水」，並指出依據為《宋書·符瑞志》，然《周易注疏校勘記》卻遺漏材料來源，當據補。

第二是《周易注疏校勘記》未標明出處，卻暗引盧氏按斷語的校記。如《周易注疏校勘記》卷二疏文「揚州其貢宜稻麥，雍州其貢宜黍稷」條作：

按，二「貢」字，《周禮》並作「穀」（第 305 頁）

此句出自毛本卷二《泰卦》疏文：「《大司徒》云『其動物、植物』，及《職方》云『揚州其貢宜稻麥，雍州其貢宜黍稷』。」盧氏《周易注疏》校本於「《大司徒》」前增「《周禮》」二字，將兩個「貢」改成「穀」字，並云：

宋亦脫，誤。（2／34a／8）

可見此條《周易注疏校勘記》按語來自盧氏《周易注疏》校本，然並未標明出處。

以上通過三個方面的探討，我們得以清晰看到《周易注疏校勘記》對盧氏《周易注疏》校本的承襲是大量的、多方面的。主要表現在版本異文、引述前人著作、徵引盧氏按斷語等方面，特別是上文所舉諸多例証，只有對勘盧氏《周易注疏》校本才能明晰《周易注疏校勘記》真正的致誤緣由，此皆是證明《周易注疏校勘記》承襲的有力證據。

## 二、阮元《周易注疏校勘記》對盧氏《周易注疏》校本的推進

阮元《周易注疏校勘記》雖然承襲了不少盧氏《周易注疏》校本的內容，但並不能據此就簡單認定《周易注疏校勘記》價值不大。《周易注疏校勘記》在盧氏校本的基礎上，又增補了大量校記，大大推進了《周易》的校勘工作。總體而言，新增校記可分為四個方面，以下逐一考述。

### （一）版本異文

據上文統計，《周易注疏校勘記》五卷獨有的校記達到 373 條，約占《周易注疏校勘記》總數的 37.4%，而其中三分之二左右都是新增的版本異文校記。具體又分二種情況：

### 1. 新增六種版本異文

除了錢本、《考文》古本、足利本、宋本外，《周易注疏校勘記》又新增六

種版本:《唐石經》、武英殿翻刻岳本、元刻明修十行本、閩本、監本、毛本,
而元刻明修十行本正是《周易注疏校勘記》的底本。隨著參校版本的增多,
《周易注疏校勘記》的條目數量也大為增加。大致包括兩類:一類是盧氏《周
易注疏》校本原有,《周易注疏校勘記》進行增補的校記,主要是加入六種新
的版本異文,若干條目還增加判定語。如毛本卷一《乾卦》疏文「乾象云」,
盧氏《周易注疏》校本作:

>　　　錢上「故」,宋同。(1 / 25b / 6)

《周易注疏校勘記》作:

>　　　錢本、宋本同,閩、監、毛本脫「故」字。(第 294 頁)

毛本卷五《艮卦》注文「不侵害也」,盧氏《周易注疏》校本作:

>　　　錢「官」,宋、古、足同。(5 / 46a / 6)

《周易注疏校勘記》作:

>　　　岳本、宋本、古本、足利本同,閩、監、毛本「官」誤「害」。
>　　(第 327 頁)

二是盧氏《周易注疏》校本無,《周易注疏校勘記》新增的校記。如《周易注
疏校勘記》卷一《序》「並依此說也」條:

>　　　閩、毛本同。監本「依」誤「焉」,闕「此」字。(第 291 頁)

《周易注疏校勘記》卷三《隨卦》疏文「舊來恒往今須隨從」條:

>　　　十行本「舊」字空,閩、監、毛本如此。(第 306 頁)

### 2. 增訂《考文》古本、足利本、宋本異文

　　雖然盧氏《周易注疏》校本與《周易注疏校勘記》都大量參引《考文》的
古本、足利本、宋本異文,然通過對勘,發現二書此部分校記並非完全重合,
可見《周易注疏校勘記》進行了部分增補,有些校記還對盧氏校本所引異文
有所訂補。

　　訂補例,如毛本卷四《睽卦》注文「未至於治先見殊怪」,盧氏《周易注
疏》校本作:

>　　　「治」,錢「洽」,宋、新、足同,古作「合志」。(4 / 33b / 1)

而《周易注疏校勘記》作:

>　　　閩、監、毛本同。岳本、錢本、宋本、足利本「治」作「洽」。
>　　古本「治先」作「合志」,一本「治」作「合志」二字。(第 319 頁)

查閱《考文》作:

（古本）作「未至於合志見殊怪」，一本作「未至於合志先見殊怪」。宋板、足利本「治」作「洽」。〔註71〕

此條《考文》古本有兩種異文，「治先」作「合志」或「治」作「合合」，盧氏僅引其一，《周易注疏校勘記》兩種都引，可見《周易注疏校勘記》查閱《考文》原書，得以糾正盧氏校勘之遺漏。

增引例，以卷四、卷五、卷八、卷九為例，《周易注疏校勘記》新增引《考文》古本70處，足利本3處，宋本10處。如卷四《咸卦》注文「薄可知也」，《周易注疏校勘記》云：

岳本、閩、監、毛本同。古本「也」上衍「之」字。（第316頁）

卷五《困卦》經文「幽不明也」，《周易注疏校勘記》作：

石經、岳本、閩、監、毛本同。足利本無「幽」字。（第324頁）

卷五《升卦》疏文「升者登也」，《周易注疏校勘記》作：

宋本「者」下空一字，十行本、閩、監、毛本不空。（第324頁）

由上，《周易注疏校勘記》新增的版本異文條目數量相當多，可謂是對盧氏《周易注疏》校本增補工作中最為重要的一項。

## （二）參引前人著作

《周易注疏校勘記》從盧氏《周易注疏》校本中轉引了相當數量的《正字》和《集解》校勘成果。此外，《周易注疏校勘記》還吸收了一些其他學者的著作。統計如下：孫志祖10次，錢大昕2次，呂祖謙1次，惠棟1次，江聲1次，張惠言1次，王念孫1次，嚴傑1次。

據劉玉才考察，《周易注疏校勘記》所引的孫志祖校語皆為孫同元增入。〔註72〕但此10條校語不見於孫氏《讀書脞錄》等著作，筆者猜測或出自孫氏《周易注疏》校本。〔註73〕如《周易注疏校勘記》卷三《觀卦》注文「自觀其道也」條作：

〔註71〕（日）山井鼎、物觀《七經孟子考文補遺》，國家圖書館出版社，2016年，第32頁。

〔註72〕劉玉才《阮元〈十三經注疏校勘記〉成書蠡測》，《國學研究》2015年第35卷，第8頁。

〔註73〕《禮記注疏校勘記》書前《引據各本目錄》中有「孫志祖校本」。另據《中國古籍善本總目》，今重慶圖書館藏有一部孫志祖《春秋左傳注疏》校本（上海古籍出版社，1985年，第243頁）。故《周易注疏校勘記》所引孫氏10條校語，很可能出自孫氏《周易注疏》校本。

閩、監、毛本同。岳本、宋本、古本、足利本「也」上有「者」字。孫志祖云：「《困學紀聞》引『道』下亦有『者』字。」（第 308頁）

所引錢大昕 2 次，皆出自《十駕齋養新錄》。如《周易注疏校勘記》卷八《繫辭下》經文「力小而任重」條：

岳本、閩、監、毛本同。石經「小」作「少」。錢大昕云：「當從《唐石經》為正。《後漢書・朱馮虞鄭周傳》贊注引《易》與石經同。《三國志・王修傳》注引《魏略》『力少任重』。又《漢書・王莽傳》『自知德薄位，尊力少任大』。今本『少』作『小』，唯北宋景祐本是『少』字。」（第 341 頁）

此例出自《十駕齋養新錄》卷一「力少而任重」條。〔註74〕另一處為《周易注疏校勘記》卷九《序卦》經文「必反於家」條，亦源自《十駕齋養新錄》卷一「傷於外者必反於家」條。〔註75〕

所引呂祖謙 1 次，見於《周易注疏校勘記》卷三《復卦》經文「頻復」條：

石經、岳本、閩、監、毛本同。《釋文》：「本又作『嚬』，鄭作『顰』。」○按，「鄭作顰」，呂東萊引作「鄭作卑」，是也。（第 311頁）

此例出自《古易音訓》卷上《復卦》「頻」條：

陸氏曰：如字。本又作「嚬」。嚬眉也。鄭作「卑」，音同。……
〔註76〕

所引張惠言 1 次，位於《周易注疏校勘記》卷七《繫辭上》經文「故再扐而後掛」條：

石經、岳本、閩、監、毛本同。《釋文》：「掛，京作『卦』。」○按，《乾鑿度》、《說文解字》引此句作「卦」，張惠言云：「作『卦』義長。」（第 337 頁）

〔註74〕（清）錢大昕《十駕齋養新錄》，陳文和主編《嘉定錢大昕全集》第 7 冊，鳳凰出版社，2016 年，第 44 頁。

〔註75〕（清）錢大昕《十駕齋養新錄》，陳文和主編《嘉定錢大昕全集》第 7 冊，鳳凰出版社，2016 年，第 44 頁。

〔註76〕（宋）呂祖謙《古易音訓》卷上，黃靈庚主編《呂祖謙全集》第 2 冊，浙江古籍出版社，2008 年，第 10 頁。

此條出自張惠言《周易虞氏義》〔註77〕。

其餘諸家，惠棟1次已直言源自《周易古義》〔註78〕，王念孫1次見於《經義述聞》〔註79〕，嚴傑1次當是校補時增入。由此，《周易注疏校勘記》比較重視同時代學者的著作成果。然有些僅偶及一見，可知《周易注疏校勘記》新增的引述前人著作的條目仍舊比較少，缺乏豐富性和廣泛性。

### （三）《經典釋文》的使用問題

盧文弨《周易注疏校正》云：

> 「其《釋文》舊皆不廁本書中，蓋實有難以閒雜者，當從通志堂本別彙為一書，舊亦以宋本及諸家善本參酌訂正，於此不具載焉。」〔註80〕

由上可得，盧氏校勘《周易注疏》正文並沒有大量使用《經典釋文》，而是對《經典釋文》進行單獨考證，成果見《經典釋文考證》一書，其中《周易》部分主要使用了通志堂本、錢求赤鈔本、葉鈔本、明萬曆北京國子監所附《釋文》等版本。而阮元《周易釋文校勘記》則以通志堂本為底本，校以葉鈔本、抱經堂本、閩本及監本所附《釋文》。至於《周易注疏校勘記》中所引的《釋文》卻未作版本說明，今考述如下：

《周易注疏校勘記》中明確標明《釋文》版本的校記有兩條：卷一《蒙卦》經文「包蒙吉」條作：

> 岳本、閩、監、毛本同。石經「包」作「苞」。《釋文》出「苞蒙」。按，此據宋本《釋文》。若通志堂本則亦改為「包」矣。古經典「包容」字多從艸。（第297頁）

卷四《益卦》經文「王用享於帝吉」條作：

> 岳本、閩、監、毛本同。石經下五字漫滅。《釋文》出「用亨」。

---

〔註77〕林忠軍主編，陳京偉導讀《周易虞氏義》，華齡出版社，2019年，第233頁。

〔註78〕惠棟校語位於《周易注疏校勘記》卷一《蒙卦》經文「童蒙求我」條（第297頁），出自《周易古義》卷一，詳見惠棟《九經古義》，《文淵閣四庫全書》第191冊，第363頁。

〔註79〕王念孫校語位於《周易注疏校勘記》卷一《蒙卦》經文「童蒙求我」條（第297頁），出自《經義述聞》卷一，詳見朱維錚主編，錢文忠、虞萬里等整理《經義述聞》，上海書店出版社，2012年，第30頁。

〔註80〕（清）盧文弨《周易注疏校正》，陳東輝主編《盧文弨全集》第1冊，浙江大學出版社，2017年，第1頁。

案，此《釋文》據宋本，通志堂本作「享」。（第 321 頁）

而其餘校記未注明《釋文》版本。如《周易注疏校勘記》卷三《頤卦》經文
「觀我朵頤」條：

　　　　石經、閩、監、毛本同。《釋文》：「朵，鄭同，京作『揣』。」

　　（第 312 頁）

此條校記所引《釋文》與通志堂本（「京作椯」）不一致。盧文弨曾據葉鈔原
本進行校勘，其《周易音義考證》此條云：「揣，舊本（指通志堂本）從木，
訛。今從宋本（指葉鈔本）、錢本正。」〔註81〕故葉鈔本作「揣」，通志堂本
作「椯」，可見《周易注疏校勘記》引自葉鈔本。

又如《周易注疏校勘記》卷四《明夷》經文「夷於左股用拯馬」條：

　　　　岳本、閩、監、毛本同。石經「股用拯」三字漫漶。《釋文》：

　　「夷，子夏作『睇』，京作『睇』。左股，姚作『右髀』。拯，子夏作

　　『抍』。」（第 318 頁）

此條校記所引《釋文》亦與通志堂本（「亦作『睇』」）不同。盧氏《周易音義
考證》此條云：「舊本（指通志堂本）『京』作『亦』，今從宋本正，神廟本同。」
〔註82〕可見葉鈔本作「京」，通志堂本作「亦」，《周易注疏校勘記》所引為葉
鈔本《釋文》。

以上兩條表明《周易注疏校勘記》中未標明版本的《釋文》引文來自葉
鈔本。然《周易注疏校勘記》中亦有多條《釋文》引文與葉鈔本不一致，卻與
通志堂本一致。如《周易注疏校勘記》卷三《噬嗑》經文「不行也」條：

　　　　石經、岳本、閩、監、毛本同。《釋文》：「或本作『止不行也』。」

　　（第 309 頁）

盧氏《周易音義考證》此條云：「『本或』二字，舊（指通志堂本）倒，今據宋
本乙正。」〔註83〕可見葉鈔本作「本或」，通志堂本作「或本」，上舉校記所
引《釋文》與通志堂本同，與葉鈔本不同。

阮元《十三經注疏校勘記》卷首《凡例》云：

---

〔註81〕（清）盧文弨《周易音義考證》，陳東輝主編《盧文弨全集》第 5 冊，浙江大
　　　　學出版社，2017 年，第 29 頁。

〔註82〕（清）盧文弨《周易音義考證》，陳東輝主編《盧文弨全集》第 5 冊，浙江大
　　　　學出版社，2017 年，第 32 頁。

〔註83〕（清）盧文弨《周易音義考證》，陳東輝主編《盧文弨全集》第 5 冊，浙江大
　　　　學出版社，2017 年，第 27 頁。

《經典釋文》明代無單行之本，崇禎間震澤葉林宗仿明閣本影
寫一部。國朝徐乾學取以刻入《通志堂經解》，盧文弨又刻之抱經
堂。雖皆據原書訂正，亦或是非互易，棄瑜錄瑕。今仍取原書以校
徐、盧兩刻，拾遺訂誤。」〔註84〕

據此所言，阮元等人校勘《十三經注疏》所用的《經典釋文》是葉鈔本。又袁
媛曾對《春秋左傳注疏校勘記》中的《釋文》引文進行考察，得出《春秋左傳
注疏校勘記》所使用的《釋文》是葉鈔本與北宋刊本（蘇州藏書家顧之逵所
藏《春秋音義》）。〔註85〕以上皆未提《十三經注疏校勘記》引用通志堂本進
行校勘，故出現上述情況可能另有緣由。

　　顧廣圻曾指出《十三經注疏校勘記》所用的《釋文》是一部何元錫臨錄
的段玉裁據葉鈔本的校本。〔註86〕袁媛亦認為「阮元等人所據葉鈔本並非原
本，而為輾轉過錄之本，與原本存在差異。」〔註87〕今國家圖書館藏有一部
清人劉履芬跋，並臨錄段玉裁、臧庸校語的《經典釋文》，底本為通志堂本。
《四部叢刊初編》亦收有一部通志堂本，後附有《經典釋文校勘記》，參引了
段玉裁的校本。〔註88〕翻閱這兩個校本，上舉之例皆無校語，可見段氏校本
並未指出此處葉鈔本與通志堂本的差異，似漏校。而《周易注疏校勘記》所
據為段氏校本，遂誤認為此處葉鈔本與通志堂本相同。

　　綜上，《周易注疏校勘記》所據《經典釋文》雖非葉鈔原本，但首次將
《釋文》大規模地引入校記，並加以考辨（盧氏《周易注疏》校本未引入），

---

〔註84〕（清）阮元《宋本十三經注疏並釋文校勘記凡例》，《續修四庫全書》第 180
　　　　冊，上海古籍出版社，2002 年，第 287 頁。
〔註85〕袁媛《阮元〈春秋左傳注疏校勘記〉成書管窺——從陳樹華〈春秋經傳集解
　　　　考正〉到阮書》，劉玉才主編《經典與校勘論叢》，北京大學出版社，2015 年，
　　　　第 370～373 頁。
〔註86〕（清）顧廣圻《顧千里集》卷十七《跋經典釋文三十卷校本》云：「予嘗言近
　　　　日此書有三厄，盧抱經新刻本多誤改，一厄也；段先生借葉鈔重校，而其役
　　　　屬諸庸妄人之手，未得其真本，即此二也；阮中丞辦《考證》，差一字不識之
　　　　某人（指何元錫）臨段本為據，又增出無數錯誤，三也。」中華書局，2007
　　　　年，第 268 頁。
〔註87〕袁媛《阮元〈春秋左傳注疏校勘記〉成書管窺——從陳樹華〈春秋經傳集解
　　　　考正〉到阮書》，劉玉才主編《經典與校勘論叢》，北京大學出版社，2015 年，
　　　　第 370～373 頁。
〔註88〕《四部叢刊初編》所收通志堂本《經典釋文》後附有孫毓修《經典釋文校勘
　　　　記》云：「今以寫本及段玉裁、臧庸堂諸人校本付萬君以增錄之。」上海書店，
　　　　1989 年。

還提供了諸多不見於盧氏《周易音義考證》的葉鈔本文字與面貌，有助於進一步推進《周易》的校勘工作。

### （四）新增按斷語

李銳等人完成材料搜集、羅列版本異文之後，校勘工作進入關鍵階段——對紛繁複雜的異文進行判定取捨，此可謂真正考驗學識功底。《周易注疏校勘記》在盧氏《周易注疏》校本的基礎上，增以新材料，並對部分校記加以考證按斷，成為增補工作中重要的一環。

據筆者統計，《周易注疏校勘記》新增按斷語的校記多達 139 條。總體而言，主要有以下三個重要特點：

#### 1. 採用多種校勘方法進行按斷

《周易注疏校勘記》按斷語的一大特點是校勘方法靈活多樣，效果頗佳，分類如下：

#### （1）本校法

主要是根據本書前後文互校。如據疏文判定注文，《周易注疏校勘記》卷四《咸卦》注文「退不能靜處」條：

> 岳本、閩、監、毛本同。古本、足利本「靜處」作「處靜」。案，
> 疏云「靜守其處」。作「處靜」，非。（第 316 頁）

據注文判定注文。如《周易注疏校勘記》卷四《晉卦》注文「所以在貴也」條：

> 閩、監、毛本同。岳本、宋本、古本、足利本「以」作「之」。
> 案《噬嗑》注「皆所之在貴也」，足證此文「以」字為「之」字之誤。
> （第 318 頁）

#### （2）對校法

《周易注疏校勘記》對勘不同版本，發現經、注、疏之間文字相涉而誤。如《周易注疏校勘記》卷一《蒙卦》經文「以亨行時中也」條：

> 石經、岳本、閩、監、毛本同。古本、足利本「時」上有「得」
> 字，一本「也」作「矣」。按，此「得」字，蓋涉注文而衍。（第 297
> 頁）

翻閱阮刻本《蒙卦》注文作「以亨行之得時中也」句，故古本、足利本很可能因與注文相涉而誤。

再如《周易注疏校勘記》卷二《小畜》經文「尚德載」條：

> 石經、岳本、閩、監、毛本同。古本「載」上有「積」字。按，
> 此蓋因下文相涉而衍。（第 302 頁）

查閱阮刻本此段注文，有「畜剛健德積載者也」句，故古本經文蓋因與注文相涉而致誤。

### （3）他校法

參引他書判定經文。如《周易注疏校勘記》卷六《豐卦》經文「闃其無人」條：

> 石經、閩、監、毛本同。岳本作「闐其」。《釋文》：「闃，姚作
> 『閴』，孟作『窒』，並通。」按《說文·門部》無「闃」，《鬥部》
> 有「閴」。（第 329 頁）

參考他書判定疏文。如《周易注疏校勘記》卷四《晉卦》疏文「能遊不能度」條：

> 閩、監、毛本同。錢本、宋本「度」作「渡」。○按，《詩疏》
> 亦作「渡」。（第 318 頁）

### （4）綜合校勘法

除了上述外，《周易注疏校勘記》還使用一些綜合的方法。如《周易注疏校勘記》卷一《乾卦》經文「其唯聖人乎」條：

> 石經、岳本、閩、監、毛本同。《釋文》：「王肅本作『愚人後
> 結始作聖人』。」○按，王肅本大非。此經依《釋文》所載，無末五
> 字者，是最古本。此是倒裝文法，故曰「其唯聖人乎？知進退存亡
> 而不失其正者」。如《檀弓》「誰與哭者」，即「哭者誰與」。（第 294
> 頁）

此條《周易》經文與王肅本不同，《周易注疏校勘記》一方面依據《周易釋文》所載，另一方面從句式文法的角度綜合分析，得出王肅本不確的結論。

又如《周易注疏校勘記》卷三《大畜》經文「輿說輹」條：

> 石經、岳本、閩、監、毛本同。《釋文》：「輿，本或作『舉』。
> 輹，蜀才本同，或作『輻』。」○按，作「輹」是也。輹者，伏兔也，
> 可言脫；輻貫於牙轂，不可言脫。（第 312 頁）

《周易注疏校勘記》此條對「輹」和「輻」字義的區別進行了辨析，然後結合上下文意（此卦辭字面意思為：車身與車軸相分離），認為作「輹」是也。

### 2. 注意區分古今字、正俗字與通假字

《周易注疏校勘記》已有意識地辨析古今字、正俗字、通假字的差異。如《周易注疏校勘記》卷一《乾卦》注文「懈怠則曠」條：

　　岳本、閩、監、毛本同。《釋文》出「解怠」。○按，古多以「解」為「懈」。（第 293 頁）

《周易注疏校勘記》卷七《繫辭上》疏文「遍滿天地之內」條：

　　閩、監、毛本同。錢本、宋本「遍」作「徧」。○按，「徧」正字，「遍」俗字。（第 336 頁）

《周易注疏校勘記》卷七《繫辭上》經文「茍錯諸地而可矣」條：

　　石經、岳本、閩、監、毛本同。《釋文》：「錯，本亦作『措』。」○按，措置之「措」，經傳假「錯」字為之。（第 337 頁）

而《說文解字》一書就是區分古今字、正俗字的重要參考依據。如《周易注疏校勘記》卷五《夬卦》經文「壯於前趾」條：

　　石經、岳本、閩、監、毛本同。《釋文》：「趾，荀作『止』。」按，《說文》有「止」無「趾」。古經多用「止」字。止者，足也。（第 322 頁）

如《周易注疏校勘記》卷九《說卦》經文「為蒼筤竹為萑葦」條：

　　岳本、閩、監、毛本同。《釋文》：「蒼筤，或作『琅通』。」石經「萑」作「蓷」，《釋文》出「萑葦」。○按，依《說文》當從艸，萑聲，省作「萑」，俗作「蓷」。（第 345 頁）

有時還具體討論不同時代不同用字的特點，如《周易注疏校勘記》卷一《序》「輔嗣之注若此」條：

　　錢本、閩、監本同。毛本「注」作「註」。○按，漢唐宋人「經注」字無作「註」者。（第 290 頁）

### 3. 運用音韻學知識進行按斷

除了以上特點外，《周易注疏校勘記》還認識到古音對經書校勘、訓釋的密切關係，因而引入音韻學知識來進行分析判定。

有根據聲音相近按斷的，如《周易注疏校勘記》卷一《乾卦》經文「大人造也」條：

　　石經、岳本、閩、監、毛本同。《釋文》亦作「造」，云：「劉歆父子作『聚』」。按，「造」、「聚」聲相近。（第 293 頁）

有利用反切音對異文進行判定，如《周易注疏校勘記》卷三《大畜》經文「曰閑輿衞」條：

> 石經、岳本、閩、監、毛本同。《釋文》：「曰音越，鄭人實反。」○按，人實反則當為「日月」字。（第 312 頁）

還有討論古音韻分部的，如《周易注疏校勘記》卷三《无妄》疏文「其德乃耳」條：

> 錢本、宋本、閩本同。監、毛本「耳」作「爾」。○按，監、毛本是也。「爾」作「如此」解，「耳」作「而已」解。「其德乃爾」猶云「其德乃如此」。「爾」在古音十五部，「耳」在一部，二字音義絕不相同也。（第 311 頁）

《周易注疏校勘記》此條校記認為「爾」屬古音第十五部，可排除顧炎武的十部說與江永的十三部說。查閱相關材料，「爾」字屬段玉裁的第十五部、戴震的第十七部、孔廣森的第十二部、王念孫的第十三部、江有誥的第八部，正合段氏所分。可見《周易注疏校勘記》所用的是段氏的古音分部。

以上從四個方面分析了《周易注疏校勘記》的推進工作，包括補入新的版本異文、增加引述前人校勘著作、使用葉鈔本校勘文字，對部分條目作了考辨按斷，其中有不少獨到的見解，可見《周易注疏校勘記》並不是完全承襲盧氏《周易注疏》校本，又有很多推進工作。

## 本章小結

清人張爾耆過錄的盧文弨《周易注疏》校本彌足珍貴，使我們得以目睹盧氏校勘《十三經注疏》時的情形與痕跡，不僅有益於明晰盧氏校勘《周易注疏》的體例、方法、所據版本、參考文獻與前人著作、與《群書拾補·周易注疏校正》的關係等問題，更重要的是或許可以解決盧氏《十三經注疏》校本與阮元《十三經注疏校勘記》修纂關係問題。據筆者初步考察，《周易注疏校勘記》採用盧氏校勘成果的類型與數量相當多，不僅從盧氏《周易注疏》校本中轉引版本異文，如錢本、《考文》宋本、古本、足利本、殿本等，還轉引諸多前人成果，如浦鏜《正字》、李鼎祚《集解》，尤其是盧氏《周易注疏》校本所引材料本身有誤，《周易注疏校勘記》未翻檢原書，徑直承襲其錯誤，此類例子是探討二書關係最有力的證據。由此可見《周易注疏校勘記》存在大量承襲盧氏《周易注疏》校本的痕跡。

　　另一方面，我們並不能據此就簡單認定《周易注疏校勘記》毫無創新。從參引版本上看，《周易注疏校勘記》在盧氏校本的基礎上增加了六種新的版本異文，僅這一項工作所得的校記數量就非常多，成為對盧氏校本最重要的增補工作；從引用他人著作上看，《周易注疏校勘記》除了承襲盧氏校本所引的《正字》、《考文》、《集解》之外，又增加了參考諸家的數量，如惠棟、錢大昕、孫志祖、王念孫、張惠言等人；從校勘深度上看，《周易注疏校勘記》包含許多有按語或結論的條目，其中有不少獨到的見解。據此，《周易注疏校勘記》對盧氏《周易注疏》校本並不是完全承襲，又有新的推進與發展。

　　以上討論不在於懷疑《周易注疏校勘記》是否存在鈔襲情況，而是希望對《周易注疏校勘記》的成書過程有一個更為全面深入的認識。通過考察可知，《周易注疏校勘記》並非憑空出現，而是在借鑒、吸收、批判前人校勘成果的基礎上，推陳出新，獲得更多發明創獲，終成不朽之作。我們應該從當時的學術背景入手，才能更清楚更準確地認識到《周易注疏校勘記》的價值，還其一個合理的學術定位與評價，這對於清代經學史與學術史有著十分重要的意義。

　　此外，本文亦無意於爭論究竟是「盧氏啟發說」還是「阮氏自發說」，而是以《周易注疏校勘記》為例，通過與盧氏《周易注疏》校本逐一比勘，重點從文本內容上探析二書之間的關係，最終得出盧氏校本不僅在校勘步驟、方法上給予《周易注疏校勘記》諸多參考便利（如利用《考文》與《正字》等成果），還提供了基本的工作思路（如哪些地方需要出校，如何進行考辨等），可謂《周易注疏校勘記》之藍本。然僅憑一部《周易注疏校勘記》，不知其餘諸經《校勘記》的具體情況，無法認定整個《十三經注疏校勘記》都是承襲盧氏校本而來，故蕭穆的說法是否準確，尚需要進一步研究。

# 第三章　盧文弨《周易音義考證》所引「錢本」「宋本」及與阮元《周易釋文校勘記》「宋本」關係考析

　　《四庫全書總目》評述《經典釋文》云：「所採漢、魏、六朝音切凡二百三十餘家，又兼載諸儒之訓詁，證各本之異同。後來得以考見古義者，注疏以外，惟賴此書之存。真所謂殘膏賸馥，沾溉無窮者也。」〔註1〕正是由於《經典釋文》保存了大量漢、魏、六朝的音切和訓詁，對探求經書中的古音古義具有重要價值，因而成書之後一直受到重視，尤其是清代學者在經書校勘與考據著述中更是大規模地參引此書。另一方面，清儒亦認識到《經典釋文》文本本身存在十分嚴重的錯謬問題，故相繼進行校勘整理工作，先後出現徐乾學《通志堂經解》和盧文弨《抱經堂叢書》兩個單行本。其中抱經堂本所附的盧氏《經典釋文考證》三十卷進行了極為詳盡地考辨，並充分吸收了顧炎武、閻若璩、臧琳、惠棟、錢大昕、段玉裁等多位學者的研究成果，可謂彙集眾家，水平極高，後出著作如阮元《經典釋文校勘記》、黃焯先生《經典釋文彙校》多有採入，其深遠影響可見一斑。

---

〔註1〕　（清）永瑢等《欽定四庫全書總目》卷三三《五經總義類》，中華書局，1965年，第270頁。

　　關於盧文弨《經典釋文考證》一書學界已多有討論，成果豐碩。〔註2〕然仍存有不少含混不明之處，有進一步探討的空間。如《周易音義考證》中盧氏參校了七種不同版本的《周易釋文》，分別是：

　　徐乾學《通志堂經解》本，盧氏稱「舊本」，亦是校勘底本。

　　葉林宗影鈔宋本，盧氏稱「宋本」。

　　錢求赤影鈔宋本，盧氏稱「錢本」。〔註3〕

　　明神廟（萬曆）十四年《周易》注疏本後載《釋文》，盧氏稱「神廟本」。〔註4〕

　　明國子監本《周易兼義》後附《釋文》，盧氏稱「監本」或「明監本」。

　　盧見曾《雅雨堂叢書》本《周易音義》，盧氏稱「雅雨本」。

　　武英殿本《周易注疏》中所附《音義》，盧氏稱「官本」。〔註5〕

　　其中通志堂本、明監本、雅雨本、武英殿本皆可見，版本性質較為清楚，但錢本、宋本今已不存，故相關認識相當模糊。以下筆者擬從這兩個版本入手，重新探究「錢本」的版本性質與文本來源，正本溯源，並梳理分析盧氏《周易音義考證》與阮元《周易釋文校勘記》中同稱「宋本」之間的繁雜關係，以期對若干問題有所澄清。

---

〔註2〕學界以往的研究主要側重盧氏校刻《經典釋文》事件始末、校勘內容與體例、校勘理念與方法、當時及後世學者的評價、今人重新整理研究《經典釋文》的借鑒與影響等方面。如王利器《〈經典釋文〉考》，《曉傳書齋集》，華東師範大學出版社，1997年，第9～75頁；萬獻初《〈經典釋文〉研究綜論》，《古籍整理研究學刊》2005年第1期，第20～27頁；楊軍、黃繼省《盧文弨抱經堂本〈經典釋文〉再評價》，華學誠主編《文獻語言學》第2輯，中華書局，2016年，第204～218頁；朱意煒《盧文弨〈經典釋文考證〉研究》，浙江大學碩士學位論文，2016年。其餘成果可參見彭喜雙、陳東輝編著《盧文弨研究文獻目錄》，陳東輝主編《盧文弨全集》第15冊，浙江大學出版社，2017年，第477～568頁。

〔註3〕（清）盧文弨《周易音義考證》第一條「易」云：「今據明錢求赤影宋本補。」陳東輝主編《盧文弨全集》第5冊，浙江大學出版社，2017年，第18頁。

〔註4〕（清）盧文弨《周易音義考證》「乾卦·无悶」條云：「明神廟十四年注疏本後載《易釋文》一卷，較通志堂本為勝。」陳東輝主編《盧文弨全集》第5冊，浙江大學出版社，2017年，第19頁。

〔註5〕除此之外，《周易音義考證》中還有「毛注疏本」「毛本」「足利本」「古本」術語，「毛本」「毛注疏本」指毛晉汲古閣本《周易兼義》（此本後無《釋文》），「足利本」「古本」引自山井鼎《考文》中的《周易》古經注本，皆指《周易》經注正文，非《周易釋文》版本。

## 第一節　錢求赤鈔本《周易釋文》文本來源

　　據上文考辨，盧文弨發現錢求赤鈔本《周易注疏》與毛氏汲古閣本內容大不相同，卻與殿本略近之，認定錢本保存了宋刻本的文字與款式，當為「影宋鈔本」，成為他批校《周易注疏》的主要參校本，而後學者對錢本的看法，幾乎眾口一辭，皆沿襲盧氏之說。近來顧永新指出：「錢本並非影宋鈔本，而是以宋刻宋元遞修八行本和明萬曆北監本為主體，兼及單疏本和經注本，匯校各本異文重構而成的、新的校定本。」〔註6〕筆者據張爾耆過錄的盧文弨《周易注疏》校本補充探討了錢本的性質特徵，贊同顧永新的觀點，錢本的文本構成極為複雜，絕非單純的「影宋鈔本」，而是一個「匯及各本重構而成的新校定本」。

　　此外，據陳鱣舊藏宋刻宋元遞修八行本《周易注疏》卷前題記云：

　　　　常熟錢求赤所藏鈔本《周易注疏》十三卷，後附《略例》一卷、
　　　　《音義》一卷。前有《五經正義表》四葉，每葉十八行，行十七字。
　　　　表後半葉有朱筆題識，凡三條，其弟二條書於上方。全書俱用朱筆
　　　　句讀點勘。嘉慶十五年（1810）秋日陳鱣記。〔註7〕

由上，錢本除了《周易注疏》正文十三卷外，還包括《周易略例》一卷和《周易音義》一卷。盧氏亦據錢本《周易略例》與《周易音義》進行校勘，成果分別見於《群書拾補·周易注疏校正》和《經典釋文考證·周易音義考證》。盧氏既認定錢本為「影鈔宋本」，自然將《周易略例》和《周易音義》當成宋刻八行本所固有，顯然未見過真正的宋刻八行本。今日本足利學校藏有現存唯一一部完整的宋刻宋印《周易注疏》八行本十三卷〔註8〕，其後不附載此二部分，陳氏舊藏宋元遞修八行本亦無，可知錢本《周易略例》與《周易音義》絕不出自宋刻八行本。《周易略例》已知當出自宋刻經注本〔註9〕，那麼錢本所

〔註6〕顧永新《錢求赤鈔本〈周易注疏〉考實》，《文獻》2018年第1期，第52～65頁。

〔註7〕陳書即《中華再造善本·唐宋編》影印國家圖書館藏宋兩浙東路茶鹽司刻宋元遞修《周易注疏》本。

〔註8〕日本足利學校藏宋八行本《周易注疏》，《域外漢籍珍本文庫》第4輯經部第1冊，西南師範大學出版社，2008年，第1～205頁。

〔註9〕顧永新已對錢本《周易略例》內容進行了探究，得出「錢本《周易略例》出自經注本（建本或與之同系統者），並不出自十行本、閩本、監本等注疏合刻本。」詳見《錢求赤鈔本〈周易注疏〉考實》，《文獻》2018年第1期，第63～65頁。

附《周易音義》從何而來？是取諸宋本、明刻諸本，還是參考眾本重構而成？今探析如下。

鑒於錢本《周易釋文》今已不存，現唯一可以利用的是盧氏《周易音義考證》中所引的錢本《周易釋文》文字，將它們與現存《周易釋文》諸版本一一比勘，大致可得錢本《周易釋文》文本來源。據筆者統計，盧氏共引錢本《周易釋文》61 處，其中《周易》上經 26 處，下經 17 處，《繫辭》、《說卦》、《序卦》、《雜卦》、《略例》18 處。而關於《周易釋文》的版本，可見的有：

《周易釋文》單行本：《中華再造善本‧唐宋編》影印國家圖書館藏宋刻宋元遞修本《經典釋文》三十卷（以下簡稱「國圖宋本」）、徐乾學《通志堂經解》本《經典釋文》三十卷（以下簡稱「通志堂本」）〔註10〕、盧見曾主編，惠棟校定《雅雨堂叢書》本《周易音義》（以下簡稱「雅雨堂本」）〔註11〕。

《周易》經注附《釋文》本：《中華再造善本‧唐宋編》影印國家圖書館藏宋建陽坊刻《周易》經注附《釋文》本十卷（以下簡稱「建本」）、《中華再造善本‧金元編》影印國家圖書館藏元相臺岳氏荊谿家塾刻《周易》經注附《釋文》本十卷（以下簡稱「岳本」）。

《周易》經注疏附《釋文》本：美國加利福尼亞大學伯克利分校藏元刊十行本《周易兼義》（以下簡稱「元刻本」）、《原國立北平圖書館甲庫善本叢書》所收明永樂二年刻本《周易兼義》（以下簡稱「永樂本」）〔註12〕、《中華再造善本‧金元編》影印北京市文物局藏元刊明修本《周易兼義》（以下簡稱「文物本」）、日本東京大學東洋文化研究所藏明嘉靖李元陽刻本《周易兼義》（以下簡稱「閩本」）、德國巴伐利亞國家圖書館藏明萬曆北監本《周易兼義》（以下簡稱「監本」）、日本內閣文庫藏明萬曆年間刊重修本（以下簡稱「重修監本」）、天津圖書館藏清武英殿刊本《周易注疏》（以下簡稱「殿本」）、阮元校刻《周易兼義》（以下簡稱「阮刻本」）〔註13〕。

〔註10〕（清）納蘭性德、徐乾學編《通志堂經解》第 16 冊《經典釋文》，廣陵書社，2007 年，第 314～512 頁。

〔註11〕（唐）陸德明撰、（清）惠棟校訂《周易音義》，清乾隆二十一年（1756）盧見曾《雅雨堂叢書》本。

〔註12〕中國國家圖書館編《原國立北平圖書館甲庫善本叢書》第 1 冊《周易兼義》，國家圖書館出版社，2013 年，第 173～191 頁。

〔註13〕（清）阮元《周易兼義》，浙江大學出版社影印上海圖書館藏嘉慶年間江西南昌府學刊本，2014 年，第 763～821 頁。

　　此外，還需要釐清葉鈔本《經典釋文》的有關問題。葉鈔本是據錢謙益絳雲樓所藏宋本迻寫，後絳雲樓藏書化為灰燼，葉鈔本遂成為當時唯一可見的宋本《經典釋文》，直至民國清廷內府所藏宋本（即國圖宋本）重現人間。通志堂本和抱經堂本雖都曾使用葉鈔本進行校勘，然改動頗多，皆非葉鈔本原貌。另一方面，清儒何煌、惠棟、江聲、段玉裁、鈕樹玉、黃丕烈、顧之逵、顧廣圻、臧庸、江沅、王筠、陳奐等二十餘家亦校勘過《經典釋文》，基本都是以通志堂本為工作底本，參校葉鈔本或葉鈔之傳鈔本，留下了不少校本。〔註14〕因此，葉鈔本原書今雖不可見〔註15〕，然通過盧氏《周易音義考證》中引用的葉鈔本（盧氏稱「宋本」）、惠棟據葉鈔本校定的雅雨堂刊本《周易音義》〔註16〕、清儒如王筠、臧庸等據葉鈔本校勘的校本（黃焯先生《經典釋文彙校》中大量參引）〔註17〕、《四部叢刊初編》所收通志堂本《經典釋

〔註14〕關於葉鈔本的收藏及流傳情況，可參見袁媛《清代〈經典釋文〉校勘整理中的兩個問題》，國家社科基金重大項目「《春秋左傳》校注及研究」《〈春秋〉學新視野與新方法論文集》，2017年，第315～318頁。

〔註15〕今臺北故宮博物院藏有一部葉鈔殘本（存卷三至卷十二、十五至十六、二十一至三十，凡二十二卷），一些學者認為此即葉鈔原本。而袁媛經過考察，認為臺藏本絕非葉鈔原本，而應是葉鈔之傳鈔本。具體詳見袁媛《清代〈經典釋文〉校勘整理中的兩個問題》，《〈春秋〉學新視野與新方法論文集》，2017年，第319～320頁。

〔註16〕（清）黃丕烈《士禮居藏書題跋記》有《經典釋文》校本三十卷云：「乾隆壬子仲冬，從同郡朱秋崖家假得惠松崖手校善本。秋崖為余言，伊小阮文遊曾有影宋鈔本，即松崖所據以校《易釋文》者也。余故讀之，較舊本頗善。此一本已重梓於《雅雨堂叢書》中矣。余種松崖雖有評閱處，並未注出影宋本校，知校勘不全。近時盧文弨翻雕是書，云悉借文遊影宋本校刊。……黃蕘圃識。」（上海古籍出版社，2015年，第42頁）由此，惠棟與盧文弨參考的影宋鈔本《經典釋文》來自朱文游。而據袁媛考察，大約在乾隆中期葉鈔本歸朱文游收藏，陳樹華曾藉以校勘《春秋左氏傳》。可見惠棟與盧文弨所據的影宋鈔本當為葉鈔原本。

〔註17〕關於清儒據葉鈔本校勘《經典釋文》所存校本的情況，可參見黃焯《經典釋文彙校》後附《引據各本目錄》中《清代諸家勘校〈經典釋文〉》部分（第300～301頁）。其中「失名臨潘錫爵傳錄何煌、段玉裁、臧庸堂、顧廣圻、黃丕烈等校跋本」與「劉履芬臨錄本」二書所錄校語大致相同，主要是惠棟與臧庸的校語。書末有臧庸題識云：「此書舊藏吳縣朱文游家，學士盧召弓先生曾借校，今刻行抱經堂本是也。近又歸同邑周漪塘。金壇段明府若膺聞之，往借是篇，屬余細校，因復自臨一部。馮、葉兩跋舊鈔有之，更有陸稼書盧學士題未錄。庸堂同日記。」可見臧庸所臨為段玉裁校本，段氏曾借得葉鈔本進行校勘。而「王筠校跋本」與「唐翰題跋本」所錄校語亦大體一致，王筠校跋本卷前有題識云「內弟高敬庵光儷贈余此書，因借朱石君先生所藏宋本

文》後附《校勘記》所引的「段玉裁校本」〔註18〕等，相互印證、相互補充，諸本所錄文字相同者自不必論，說明葉鈔本原貌即如此，不同者也可進行具體分析。通過此方法可追溯葉鈔本之原貌，幫助我們更好地認識清人所據的葉鈔本及其有關問題（如阮元《周易釋文校勘記》中的「宋本」究竟是葉鈔本，還是葉鈔之傳鈔本）。

筆者將61處錢本《周易釋文》與現存諸本《周易釋文》逐一比勘，所得結果分以下七類：

## （一）錢本《周易釋文》僅與宋刻建本《周易釋文》同

1. 鼫：《子夏傳》作「碩鼠，鼫鼠，五技鼠也」。○錢本「鼫鼠」亦作「碩鼠」。（第32頁）〔註19〕

按：通志堂本、雅雨堂本、國圖宋本皆作「碩鼠，鼫鼠，五技鼠也」。王筠校跋本〔註20〕、劉履芬臨錄本〔註21〕、《四部叢刊・釋文校勘記》皆無校記。〔註22〕可見葉鈔本亦作「碩鼠，鼫鼠，五技鼠也」，與國圖宋本同。

岳本（無）、元刻本、永樂本、文物本、阮刻本、閩本、監本、重修監本、殿本《周易釋文》亦作「碩鼠，鼫鼠，五技鼠也」。

惟建本《周易釋文》作「碩鼠，碩鼠，五技鼠」，故錢本《周易釋文》僅與建本同。

2. 貞丈人：丈人，嚴莊之稱。○錢本「嚴莊」作「莊嚴」。（第23頁）

按：通志堂本、雅雨堂本、國圖宋本作「嚴莊之稱」，王筠校跋本、劉履

---

及葉氏影宋本校之。道光乙亥八月朔王筠記之。」黃焯先生認為王筠所用的宋鈔本與葉鈔本小有異同，然差別不大，《經典釋文彙校》稱此本為「朱鈔」，稱葉鈔本為「葉鈔」。以上四個校本皆藏國家圖書館。

〔註18〕《四部叢刊初編》所收通志堂本《經典釋文》後附有孫毓修《經典釋文校勘記》云：「今以寫本及段玉裁、臧庸堂諸人校本付萬君以增錄之。」上海書店，1989年。

〔註19〕文中所引盧氏《周易音義考證》及所標頁碼，皆據陳東輝主編《盧文弨全集》第5冊《經典釋文考證》，浙江大學出版社，2017年，第18～47頁。

〔註20〕「王筠校跋本」與「唐翰題跋本」所錄校語大致相同，為行文簡潔，凡二書相同校語，只列王筠校跋本。

〔註21〕「劉履芬臨錄本」與「失名臨潘錫爵傳錄何煌、段玉裁、臧庸堂、顧廣圻、黃丕烈等校跋本」所錄校語大體一致，故相同之校語，只列劉履芬臨錄本。

〔註22〕王筠校跋本、唐翰題跋本、劉履芬臨錄本、失名臨潘錫爵傳錄惠棟、段玉裁、臧庸堂、顧廣圻等校跋本及《四部叢刊・釋文校勘記》所據底本皆為通志堂本，故葉鈔本與底本一致者，無須出校語。

芬臨錄本、《四部叢刊‧釋文校勘記》皆無校記。可見葉鈔本作「嚴莊」，與國圖宋本同。

而岳本、撫州本〔註23〕此句無《釋文》，注文作「嚴莊之稱」。日本足利學校藏南宋八行本、陳鱣舊藏宋刻宋元遞修八行本《周易注疏》無《釋文》，注文亦作「嚴莊之稱」。〔註24〕元刻本、永樂本、文物本、阮刻本、閩本、監本、重修監本、毛本、殿本的注文與《釋文》亦皆作「嚴莊之稱」。

惟建本注文作「莊嚴之稱」，故錢本《周易釋文》僅與建本《周易釋文》同。

3. 不正無應：本亦作「不應」。○舊「不應」作正文，「無應」作注，今從錢本互易。（第38頁）

按：通志堂本、雅雨堂本、國圖宋本皆作「不正不應：本亦作『無應』」。王筠校跋本、劉履芬臨錄本、《四部叢刊‧釋文校勘記》皆無校記。可見葉鈔本亦作「不正不應：本亦作『無應』」，與國圖宋本同。

岳本（無）、元刻本、永樂本、文物本、阮刻本、閩本、監本、重修監本《周易釋文》亦作「不正不應：本亦作『無應』」。殿本《周易釋文》無。

惟建本《周易釋文》作「無應，一本作不應」，故錢本《周易釋文》僅與建本同。

### （二）錢本《周易釋文》僅與葉鈔本同

1. 易：虞翻注《參同契》云：「字從日下月，正從日、勿。」○宋本作「字從日、月」，無「下」字。「正從日勿」四字諸本皆無，今據明錢求赤影宋本補。（第18頁）

按：盧氏所據葉鈔本、王筠校跋本、劉履芬臨錄本、《四部叢刊‧釋文校勘記》、國圖宋本皆作「字從日月，正從日勿」，諸本所言一致，可見葉鈔本與國圖宋本同。

而通志堂本、建本、岳本（無）、元刻本、永樂本、文物本、阮刻本、閩本、監本、重修監本、殿本《周易釋文》則作「字從日下月」。

故錢本《周易釋文》僅與葉鈔本同，與其餘版本不同。

---

〔註23〕《四部叢刊》影印南宋淳熙撫州公使庫刻《周易注》九卷《略例》一卷，上海書店，1989年。

〔註24〕日本足利學校藏宋八行本《周易注疏》，《域外漢籍珍本文庫》第4輯經部第1冊，西南師範大學出版社，2008年，第35頁。

2. 逐逐：《志林》云：「『攸』當為『逐』。」○《志林》，虞喜所作，舊作《字林》，非。今從錢本正。通志堂原刻本作《字林》，後改作《志林》。錢本無「攸」字。（第29頁）

按：王筠校跋本、劉履芬錄臧庸校語、《四部叢刊·釋文校勘記》、國圖宋本作：《志林》云「當為逐」。諸本皆同，可見葉鈔本與國圖宋本同。

而通志堂本、建本、岳本（無）、元刻本、永樂本、文物本、阮刻本、閩本、殿本《周易釋文》作：《志林》云「攸當為逐」。監本、重修監本《周易釋文》作：《字林》云「攸當為逐」。

故錢本《周易釋文》僅與葉鈔本同，與經注（疏）附《釋文》本不同。

3. 曰人：王肅、卞伯、玉桓、玄明、僧紹作「仁」。○「卞」，舊訛「卜」，今從錢本正。（第43頁）

按：王筠校跋本、劉履芬錄臧庸校語、《四部叢刊·釋文校勘記》、國圖宋本皆作「卞」。諸本一致，可見葉鈔本與國圖宋本一致。

而通志堂本作「卜」，建本、元刻本、永樂本、文物本、阮刻本《周易釋文》作「下」，閩本、監本、重修監本《周易釋文》作「王」，岳本、殿本《周易釋文》無。

故錢本《周易釋文》僅與葉鈔本同，與其他版本《周易釋文》皆不同。

### （三）錢本《周易釋文》僅與葉鈔本、宋刻建本《周易釋文》同

1. 不克則反，反則得吉也：一本作「反則得，得則吉也」。○《集解》作「反則得則，得則則吉也」。錢本同。（第25頁）

按：王筠校跋本、劉履芬臨錄臧庸校語、《四部叢刊·釋文校勘記》、國圖宋本皆作「反則得則，得則則吉也：一本作『反則得，得則吉也』」。諸本同，故葉鈔本與國圖宋本同，建本《周易釋文》亦同。

而通志堂本、岳本（無）、元刻本、永樂本、文物本、阮刻本、閩本、監本、重修監本、殿本《周易釋文》則作「不克則反，反則得吉也：一本作『反則得，得則吉也』」。

可見錢本《周易釋文》僅與葉鈔本、建本《周易釋文》同。

2. 其彭：虞作「尪」，姚云「彭旁」，徐音同。○宋本、錢本「徐音同」皆作「俗音同」。（第25頁）

按：盧氏所據葉鈔本、王筠校跋本、劉氏臨錄臧庸校語、《四部叢刊·釋文校勘記》、國圖宋本皆作「俗音同」。諸本相同，故葉鈔本與國圖宋本一致，

建本《周易釋文》亦同。

　　而通志堂本、岳本（無）、元刻本、永樂本、文物本、阮刻本、閩本、監本、重修監本、殿本《周易釋文》則作「徐音同」。

　　可見錢本《周易釋文》僅與葉鈔本、建本《周易釋文》同。

　　3. 朵：京作「揣」。○揣，舊本從木，訛。今從宋本、錢本正。（第29頁）

　　按：盧氏所據葉鈔本、王筠校跋本、劉履芬臨錄本、《四部叢刊·釋文校勘記》、國圖宋本作「京作揣」。諸本一致，故葉鈔本與國圖宋本同，建本《周易釋文》亦同。

　　而岳本（無）、元刻本、永樂本、文物本、阮刻本、閩本、監本、重修監本《周易釋文》則作「京作瑞」。通志堂本、殿本《周易釋文》作「京作楯」。

　　可見錢本《周易釋文》僅與葉鈔本、建本《周易釋文》同。

**（四）錢本《周易釋文》僅與閩本、監本《周易釋文》同**

　　1. 梏：《廣雅》云：「杻謂之梏，械謂之桎。」○《廣雅》，舊本作《小爾雅》，錢本作《小廣雅》，明監本同。（第22頁）

　　按：通志堂本、雅雨堂本、國圖宋本皆作「小爾雅」。王筠校跋本、劉履芬臨錄本、《四部叢刊·釋文校勘記》無校記。可見葉鈔本作「小爾雅」。建本、岳本（無）、元刻本、永樂本、文物本、阮刻本、殿本《周易釋文》亦作「小爾雅」。

　　惟明嘉靖本（閩本）、明萬曆北監本和重修監本《周易釋文》作「小廣雅」。是故錢本《周易釋文》僅與閩本、監本《周易釋文》同。

　　2. 反生：豌豆之屬。○舊作「麻豆」。錢本、神廟本皆作「豌豆」。（第45頁）

　　按：通志堂本、雅雨堂本、國圖宋本皆作「麻豆」。王筠校跋本、劉履芬臨錄本、《四部叢刊·釋文校勘記》皆無校記，故葉鈔本作「麻豆」。建本、岳本（無）、元刻本、永樂本、文物本、阮刻本、殿本《周易釋文》亦作「麻豆」。

　　惟明嘉靖南監本（閩本）、明萬曆北監本和重修監本《周易釋文》作「豌豆」，故錢本《周易釋文》僅與閩本、明監本《周易釋文》同。

（五）錢本《周易釋文》僅與明監本《周易釋文》同

1. 虎視：又市止反。○市，舊本作「常」。今從錢本正，神廟本同。
（第29頁）

按：通志堂本、雅雨堂本、國圖宋本皆作「常止反」。王筠校跋本、劉履
芬臨錄本、《四部叢刊‧釋文校勘記》皆無校記。可見葉鈔本當作「常止反」，
與國圖宋本同。建本、岳本（無）、元刻本、永樂本、文物本、阮刻本、閩本、
殿本《周易釋文》亦作「常止反」。

惟明萬曆北監本和重修監本《周易釋文》作「市止反」，可見錢本《周易
釋文》僅與明監本《周易釋文》同。

2. 而中：丁仲反。○錢本、神廟本作「之仲反」。（第44頁）

按：通志堂本、雅雨堂本、國圖宋本作「丁仲反」。王筠校跋本、劉履芬
臨錄本、《四部叢刊‧釋文校勘記》皆無校記。可見葉鈔本亦作「丁仲反」，與
國圖宋本同。建本、岳本、元刻本、永樂本、文物本、阮刻本、閩本、殿本
《周易釋文》亦作「丁仲反」。

惟明萬曆北監本和重修監本《周易釋文》作「之仲反」，是故錢本《周易
釋文》僅與明監本《周易釋文》同。

3. 所贍：市豔反。○市，舊作「常」，訛。從錢本正，神廟本同。（第
47頁）

按：通志堂本、雅雨堂本、國圖宋本皆作「常豔反」。王筠校跋本、劉履
芬臨錄本、《四部叢刊‧釋文校勘記》皆無校記。可見葉鈔本亦作「常豔反」，
與國圖宋本同。建本、岳本、元刻本、永樂本、文物本、阮刻本、閩本、殿本
《周易釋文》亦作「常豔反」。

惟明萬曆北監本和重修監本《周易釋文》作「市豔反」，故錢本《周易釋
文》僅與明監本《周易釋文》同。

（六）錢本《周易釋文》與諸本《周易釋文》皆同

1. 閉：必計反。○必，舊本作「心」，今從錢本、明監本正。（第20頁）

按：王筠校跋本、劉履芬臨錄臧庸校語、《四部叢刊‧釋文校勘記》、雅
雨堂本、國圖宋本皆作「必」，可見葉鈔本亦作「必」。

建本、岳本（無）、元刻本、永樂本、文物本、阮刻本、閩本、監本和重
修監本《周易釋文》亦作「必計反」。故錢本《周易釋文》與諸本《周易釋文》
皆同。

2. 苞：本又作「包」。○舊本「苞」、「包」互易，今依錢本正。（第24
頁）

按：王筠校跋本、劉履芬臨錄臧庸校語、《四部叢刊・釋文校勘記》、雅
雨堂本、國圖宋本皆作「苞，本又作包」，可見葉鈔本與此同。

建本、岳本（無）、元刻本、永樂本、文物本、阮刻本、閩本、監本和重
修監本、殿本《周易釋文》亦作「苞，本又作包」。故錢本《周易釋文》與諸
本《周易釋文》同。

3. 霮霮：鄭云「沒沒」也。○「沒沒」舊作「汲汲」，訛。今據宋本
正，錢本、神廟本同。（第44頁）

按：王筠校跋本、劉履芬臨錄臧庸校語、《四部叢刊・釋文校勘記》、雅
雨堂本、國圖宋本皆作「沒沒」，故葉鈔本與國圖宋本相同。

建本、岳本（無）、元刻本、永樂本、文物本、阮刻本、閩本、監本和
重修監本《周易釋文》亦作「沒沒」。故錢本《周易釋文》與諸本《周易釋
文》同。

（七）錢本《周易釋文》與諸本《周易釋文》皆不一致

1. 覛：徐市志反。○舊「志」作「至」，今從錢本作「志」，與《頤卦》
同。（第37頁）

按：通志堂本、雅雨堂本、王筠校跋本、劉履芬臨錄本、國圖宋本皆作
「至」。可見葉鈔本與國圖宋本一致。建本、岳本（無）、元刻本、永樂本、文
物本、阮刻本、閩本、監本、重修監本、殿本《周易釋文》亦作「至」。

而錢本《周易釋文》卻作「志」，與諸本《周易釋文》皆不同，似錢氏據
《頤卦》改。

2. 承筐：鄭作「匡」。○舊本「筐」「匡」互易，刪此條。今從錢本，
與《玉海》同。（第38頁）

按：通志堂本、王筠校跋本、劉履芬臨錄本、國圖宋本皆作「承匡：鄭作
筐」。可見葉鈔本與國圖宋本一致。建本、岳本（無）、元刻本、永樂本《周易
釋文》同。

而雅雨堂本、文物本、阮刻本、閩本、監本、重修監本《周易釋文》卻作
「承筐：鄭作筐」，兩個皆作「筐」。殿本《周易釋文》無。

錢本《周易釋文》卻作「承筐：鄭作匡」，與諸本《周易釋文》皆不同，
似錢氏據《玉海》所改。

3. 洽乃：本亦作「合」。○亦，舊本作「又」，今從錢本作「亦」。（第47頁）

按：通志堂本、王筠校跋本、劉履芬臨錄本、國圖宋本皆作「本又作合」。可見葉鈔本與國圖宋本一致。建本、岳本（無）、元刻本、永樂本、文物本、阮刻本、殿本《周易釋文》亦作「本又作合」。而雅雨堂本、閩本、監本、重修監本《周易釋文》作「本乃作合」。

錢本《周易釋文》卻作「本亦作合」，與諸本《周易釋文》皆不同，似經錢氏校改。

由上，將錢本《周易釋文》與現存諸本《周易釋文》逐一比勘，大致可知錢本《周易釋文》文本之來源。然值得注意的是，錢求赤作為明末清初人，當時所能見到並可利用的《周易釋文》版本主要有哪些？據陳鱣舊藏宋刻宋元遞修本《周易注疏》卷首過錄的錢求赤題記，我們可尋得有關信息：

> 此古注疏本也。經下列注，注後疏自釋經，疏釋經後，疏復釋注。其文通達曉暢，井條不紊，非仲達不能為也。不知何年腐儒，割裂疏文，逐句逐行，列於經注之下，同一節之俦儒，類既截之鶴頸，可為深歎。予所獲單疏本一，注疏合刻一，又單注本二，皆宋刻，最精好完善者，真天下之至寶也。家貧，古書盡鬻於人，惟留此鈔本，惜之不啻如寶玉大弓。後有識者，當知吾言之不誣。庚戌（康熙九年，1670）十二月甲午日記。

> 此古注疏原本也。蒙古刊本，割截可恨。明興，諸監本皆因之，而始失其舊。予所習《周易》一書，已與俗本縣絕，它可知矣。古書為劣儒庸奴竄改，每思扼捥，而於六經尤為可深惜云。

錢氏所云「單疏本」「注疏合刻本」「單注本」皆為宋刻本，「明興諸監本」為明南、北監本（即閩本、監本和重修監本）。其中附有《周易釋文》的只有宋刻經注本和明監本。另據顧永新對錢本《周易注疏》正文十三卷之研究，認為錢本正文主要是以宋八行本和明監本為基礎，間取單疏本和宋經注本，重構而成的新校定本。〔註25〕據上，我們可推測出錢氏在當時所能利用的《周易釋文》版本主要有：葉鈔本〔註26〕、宋刻經注附《釋文》本、明刻注疏附

---

〔註25〕顧永新《錢求赤鈔本〈周易注疏〉考實》，《文獻》2018年第1期，第63頁。

〔註26〕筆者尚未找到錢求赤直接利用葉鈔本校勘《周易釋文》的記述，然鑒於錢求赤是錢謙益從弟謙貞之長子，蘇州人，且遞相收藏葉鈔本的藏書家葉萬、錢曾、何煌、朱文游、周錫瓚亦都是蘇州人，再加上上文所舉錢本《周易釋文》

《釋文》本（即南、北監本），此亦與上文分類相對應（如錢本《周易釋文》
與葉鈔本同、與建本《周易釋文》同、與明監本《周易釋文》同等）。

綜上而言，錢本《周易釋文》並非如盧氏所言「影宋鈔本」，而是與錢本
《周易注疏》正文十三卷的性質一樣，主要參考葉鈔本、宋刻經注附《釋文》
本、明國子監刻注疏附《釋文》三個版本，擇善而從，重校而成的新文本。其
間還存在若干文字與諸本《周易釋文》皆不一致，很可能是錢氏據他書或無
版本依據的校改，由此可見錢本《周易釋文》文本之來源頗為繁雜。

而前輩學者之所以誤判錢本性質，很大程度上在於錢本在整個清代深藏
私家，秘不示人，其間陳鱣借閱鈔錄卷首與卷一，後便湮沒無聞，今亦無考，
恐已不存。故多數學者並未親眼見過錢本，所言均源自盧氏論斷，所據錢本
異文也都依盧氏轉引，如阮元《周易注疏校勘記》所引錢本異文皆來自盧氏
《周易注疏》校本。通過上述考察可進一步豐富我們對錢本《周易釋文》的
認識，糾正以往錯誤的觀點。

## 第二節　盧文弨《周易音義考證》與阮元《周易釋文校勘記》中的「宋本」問題

### 一、盧文弨《周易音義考證》中的「宋本」並非皆指葉鈔本

清代著名藏書家黃丕烈《士禮居藏書題跋記》著錄《經典釋文》校本三
十卷，其題識云：

> 乾隆壬子仲冬，從同郡朱秋崖（朱邦衡）家假得惠松崖手校善
> 本。秋崖為余言，伊小阮文游（朱文游）曾有影宋鈔本，即松崖所
> 據以校《易釋文》者也。余故讀之，較舊本頗善，此一本已重梓於
> 《雅雨堂叢書》中矣。余種松崖雖有評閱處，並未注出影宋本校，
> 知校勘不全。近時盧文弨翻雕是書，云悉借文游影宋本校刊。……
> 黃蕘圃識。〔註27〕

又傅增湘《藏園群書經眼錄》卷二《經典釋文》三十卷，後錄有清儒臧
庸題識云：

> 此書舊藏吳縣朱文游家，學士盧召弓先生曾借校，今刻行抱經

僅與葉鈔本相同的例子，故錢氏極有可能參校過葉鈔本。
〔註27〕（清）黃丕烈《士禮居藏書題跋記》，上海古籍出版社，2015 年，第 42 頁。

堂本是也。近又歸同邑周漪塘。金壇段明府若膺聞之，往借是篇，

屬余細校，因復自臨一部。馮、葉兩跋舊鈔有之，更有陸稼書盧學

士題未錄。庸堂同日記。」〔註28〕

由上，依黃丕烈與臧庸所言，惠棟、盧文弨參考的葉鈔本來自朱文游，段玉
裁亦從周錫瓚處借得葉鈔本。據袁媛考察，葉鈔本在葉林宗去世之後，由葉
萬保存，而後依此輾轉經何煌、朱文游、周錫瓚、查有圻收藏，歸朱文游所有
大約在乾隆中期，陳樹華曾借用來校勘《春秋左傳注疏》，可見惠棟與盧文弨
所據的葉鈔本當為葉氏原本。

盧文弨《周易音義考證》大量使用「宋本」術語，一般認為是指葉鈔本，
且很有可能就是葉鈔原本（盧氏從朱文游處所借）。然據筆者統計，《周易音
義考證》中「宋本」共計出現45處，然並非皆指葉鈔本，其中有3處則是指
宋刻八行本《周易注疏》。

其一，《賁卦》「解天：音蟹，下同」條，《周易音義考證》云：

注疏本自作「觀天」，宋本、錢本、官本皆從《釋文》作「解天」
「解人」，不知與疏不相應也。神廟本《易釋文》作「觀天，音官」。

（第27頁）

細讀此條，其中「宋本」非指《周易釋文》，而是指《周易》經注正文。查閱
諸本，閩本、監本、重修監本、毛本注文作「觀天」，殿本、宋刻八行本注文
作「解天」。然盧氏並未見過宋刻八行本，故當引自山井鼎《考文》，其原文
作：

觀天之文則時變可知也，觀人之文則化成可為也。三本（指古
本）、足利本、宋板二「觀」字作「解」。〔註29〕

其二，《姤卦》「正乃：正亦作匹」條，《周易音義考證》云：

宋本、錢本注疏並皆作「匹」，唯毛本依此作「正」，官本同。

（第35頁）

此條「宋本」亦指《周易》經注正文，而非是《周易釋文》。閩本、監本、重
修監本、毛本注文作「正乃」，宋刻八行本注文作「匹乃」，故盧氏引自《考
文》，其原文作：

〔註28〕（清）傅增湘《藏園群書經眼錄》，中華書局，1980年，第73頁。

〔註29〕（日）山井鼎、物觀《七經孟子考文補遺》，國家圖書館出版社，2016年，第
　　　　25頁。

　　　　　　正乃功成也。二本（指古本）、足利本、宋板「正」作「匹」。
〔註30〕

　　其三，《繫辭下》「探射」條，《周易音義考證》云：

　　　　　　注疏本作「探討」，是後人所改。古本、宋本、錢本、足利本並
　　是「射」字。（第44頁）

此條「宋本」指《周易》經注正文。閩本、監本、重修監本、毛本注文作「探
討」，宋刻八行本注文作「探射」，因而盧氏引自《考文》，其原文作：

　　　　　　不勞探討。（古本）「討」作「射」，足利本、宋板同。〔註31〕

　　由上，盧氏《考證》所稱「宋本」術語並非專指葉鈔本，亦有指宋刻八行
本《周易注疏》，我們閱讀使用時應注意此術語的複雜性。

## 二、阮氏《周易釋文校勘記》與盧氏《周易音義考證》所稱「葉鈔本」非同一鈔本

　　阮元《十三經注疏校勘記》卷首《凡例》云：

　　　　　　《經典釋文》明代無單行之本，崇禎間震澤葉林宗仿明閣本影
　　寫一部。國朝徐乾學取以刻入《通志堂經解》，盧文弨又刻之抱經
　　堂。雖皆據原書訂正，亦或是非互易，棄瑜錄瑕。今仍取原書以校
　　徐、盧兩刻，拾遺訂誤。〔註32〕

阮元《周易釋文校勘記》亦曾據葉鈔本校勘，仍稱「宋本」。然《周易釋文校
勘記》所引葉鈔本與《周易音義考證》所引葉鈔本存在諸多文字差異，針對
此問題，顧廣圻曾指出《十三經注疏校勘記》所據的「宋本」乃是一部何元錫
臨錄的段玉裁校本。袁媛亦認為「阮元等人所據葉鈔本並非原本，而為輾轉
過錄之本，與原本存在差異。」〔註33〕此觀點雖有見地，但不免過於籠統，
並未具體闡述二書差異及其緣由。今仍採用上文之方法，依據盧氏《周易音

〔註30〕（日）山井鼎、物觀《七經孟子考文補遺》，國家圖書館出版社，2016年，第
　　　　34～35頁。
〔註31〕（日）山井鼎、物觀《七經孟子考文補遺》，國家圖書館出版社，2016年，第
　　　　50頁。
〔註32〕（清）阮元《十三經注疏校勘記凡例》，《續修四庫全書》第180冊，上海古
　　　　籍出版社，2002年，第287頁。
〔註33〕袁媛《阮元〈春秋左傳注疏校勘記〉成書管窺——從陳樹華〈春秋經傳集解
　　　　考正〉到阮書》，劉玉才主編《經典與校勘論叢》，北京大學出版社，2015年，
　　　　第370～373頁。

義考證》所引葉鈔本、國家圖書館所藏王筠校跋本、劉履芬臨錄臧庸校本、《四部叢刊・釋文校勘記》所引「段玉裁校本」等文本，相互印證、相互補充，對《周易釋文校勘記》中的「宋本」進行探析。

據筆者統計，阮元《周易釋文校勘記》中出現「宋本」的校記共有219條，而其所謂「宋本」（葉鈔本）已經不存，無法一一羅列比對，而盧氏《考證》所謂「宋本」除了上述三條外都是指葉鈔本，故可用來與《校勘記》所引「宋本」比對異同。今擇取阮氏與盧氏《考證》所引「宋本」同出的校記，分類比勘如下：

### （一）《周易釋文校勘記》「宋本」、段臧校本、葉鈔本皆相同

1. 蒸：職膺反。○膺，舊本作「膺」，今從宋本。（《周易音義考證》第24頁）

   蒸：職膺反。○宋本、十行本、閩、監本、盧本「膺」作「膺」。（《周易釋文校勘記》第348頁）

   按，盧氏所引葉鈔本作「膺」。王筠校跋本云：「朱本闕，葉鈔本『膺』作『膺』。」劉履芬臨錄臧庸校語云：「膺，臧校。」《四部叢刊・釋文校勘記》云：「鈔本無『膺』，段作『膺』。」國圖宋本《釋文》作「膺」。諸本皆同，可見葉鈔本作「膺」，故《周易釋文校勘記》「宋本」、段玉裁與臧庸校本（以下簡稱「段臧校本」）、葉鈔本皆同。

2. 朋來：京作「崩」。○舊「崩」訛從草，今據宋本、神廟本改正。（《周易音義考證》第28頁）

   朋來：京作「萠」。○宋本、十行本、閩、監本、盧本「萠」作「崩」，是也。（《周易釋文校勘記》第350頁）

   按，盧氏所引葉鈔本作「崩」。王筠校跋本云：「『萠』作『崩』。」劉履芬臨錄臧庸校語云：「崩，臧校。」《四部叢刊・釋文校勘記》云：「段作『崩』。」國圖宋本《釋文》作「崩」。諸本一致，故葉鈔本亦作「崩」，可見《周易釋文校勘記》「宋本」、段臧校本、葉鈔本皆同。

3. 夷於：京作「睇」。○舊本「京」作「亦」，今從宋本正。（《周易音義考證》第32頁）

   夷於：亦作「睇」。○宋本、十行本、盧本「亦」作「京」。（《周易釋文校勘記》第351頁）

   按，盧氏所引葉鈔本作「京」。王筠校跋本云：「『亦』作『京』。」劉履芬

臨錄臧庸校語云：「京，臧校。」《四部叢刊·釋文校勘記》云：「段作『京』。」國圖宋本《釋文》作「京」。諸本一樣，葉鈔本亦作「京」，故《周易釋文校勘記》「宋本」、段臧校本、葉鈔本皆同。

　　4. 睽：《說文》云：「目不相聽也。」○聽，舊本作「視」，乃妄人所改。聽者，順從之意。今據宋本正，與《說文》正合。（《周易音義考證》第33頁）

　　　　睽：目不相視也。○十行本、閩、監本同。宋本、盧本「視」作「聽」。（《周易釋文校勘記》第351頁）

　　按，盧氏所引葉鈔本作「聽」。王筠校跋本云：「『視』作『聽』。」劉履芬臨錄臧庸校語云：「聽，臧校。」《四部叢刊·釋文校勘記》云：「段作『聽』。」國圖宋本《釋文》作「聽」。諸本相同，葉鈔本亦作「聽」，故《周易釋文校勘記》「宋本」、段臧校本、葉鈔本皆同。

　　5. 偏辭：「孟」作「徧」，云：「周匝也」。○宋本「匝「作「帀」。（《周易音義考證》第34頁）

　　　　偏辭：周匝也。○十行本、閩、監本同。宋本、盧本「匝「作「帀」。（《周易釋文校勘記》第351頁）

　　按，盧氏所引葉鈔本作「帀」。王筠校跋本云：「『匝』作『帀』。」劉履芬臨錄臧庸校語云：「帀，臧校。」《四部叢刊·釋文校勘記》云：「段作『帀』。」國圖宋本《釋文》作「帀」。諸本相同，可得葉鈔本亦作「帀」，故《周易釋文校勘記》「宋本」、段臧校本、葉鈔本皆同。

（二）《周易釋文校勘記》「宋本」與段臧校本相同，與葉鈔本不同

　　1. 以從：鄭黃子用反。○子，舊作「於」，訛。今從錢本正。（《周易音義考證》第21頁）

　　　　以從：鄭黃於用反。○十行本、閩、監本、宋本、盧本「於」作「子」，是也。（《周易釋文校勘記》第348頁）

　　按，王筠校跋本云：「『於』作『手』。」《四部叢刊·釋文校勘記》作「手」國圖宋本《釋文》作「手用反」。諸本一致，可見葉鈔本亦作「手用反」。然《周易釋文校勘記》「宋本」卻作「子用反」，劉履芬臨錄臧庸校語云：「子，臧校。」據上文臧庸題識，段玉裁從朱文游處借得葉鈔本進行校勘，臧庸又據段校本臨校一部，此處作「子」很可能是臧庸（或段玉裁）的校改，可見《周易釋文校勘記》「宋本」與段臧校本同，與葉鈔本不同。

2. 爾靡：本又作「麋」。○麋，本作「縻」，訛。下《埤蒼》作「縻」，則此不作「縻」，今從宋本正。（《周易音義考證》第 40 頁）

爾靡：本又作「麋」，又亡彼反，京作「劘」。○宋本、盧本「麋」作「縻」。「亡彼」，宋本作「亡波」。（《周易釋文校勘記》第 353 頁）

按，盧氏所引葉鈔本作「縻」。王筠校跋本云：「『縻』作『麋』。」劉履芬臨錄臧庸校語：「縻，臧校。」《四部叢刊‧釋文校勘記》云：「段作『麋』。」國圖宋本《釋文》作「縻」。諸本一致，可見葉鈔本作「縻」，故《周易釋文校勘記》「宋本」、段臧校本、葉鈔本一致。

然《周易釋文校勘記》又云：「亡彼，宋本作『亡波』。」盧氏《周易音義考證》並未提及，國圖宋本《釋文》作「亡彼反」。而劉履芬臨錄本有臧庸校語云：「亡彼，《集韻》作『波』。」此乃臧庸（或可能是段氏）後增校語，諸本皆無。可見《周易釋文校勘記》誤把段臧校語當作葉鈔本原文，故《周易釋文校勘記》「宋本」與段臧校本同，與葉鈔本不同。

3. 不行也：本或作「止不行也」。○「本或」二字舊倒，今據宋本乙正。（《周易音義考證》第 26～27 頁）

不行也：或本作「止不行也」。○宋本同，十行本、閩、監本、盧本「或本」作「本或」。（《周易釋文校勘記》第 349 頁）

按，盧氏所引葉鈔本作「本或」。王筠校跋本云：「『或本』作『本或』。」國圖宋本《釋文》作「本或」，諸本一致，故葉鈔本亦作「本或」。而劉履芬臨錄臧庸校語本、《四部叢刊‧釋文校勘記》無校語（段臧臨校《釋文》所據底本為通志堂本，故無校語處與通志堂本同）。《周易釋文校勘記》「宋本」作「或本」，與段臧校本同，與葉鈔本不同。

4. 用射：食亦反，注下同。○舊本作「下注同」，今據宋本正，神廟本同。（《周易音義考證》第 33 頁）

用射：食亦反，下注同。○宋本同，行本、閩、監本、盧本「下注」作「注下」。（《周易釋文校勘記》第 351 頁）

按，盧氏所引葉鈔本作「注下同」。王筠校跋本云：「『下注』作『注下』。」國圖宋本《釋文》作「注下同」，諸本一致，故葉鈔本亦作「注下同」。而劉履芬臨錄臧庸校語、《四部叢刊‧釋文校勘記》無校語。《周易釋文校勘記》「宋本」作「下注」，與段臧校本同，與葉鈔本不同。

綜上，阮元《周易釋文校勘記》中的「宋本」存在諸多與段玉裁、臧庸校葉鈔本相同，卻與葉鈔原本不同的文字，尤其是上文所舉《周易釋文校勘記》

誤將臧庸（或段玉裁）校語當作葉鈔本原文之例證，可見其所謂「宋本」極有可能是一部據段玉裁、臧庸校葉鈔本的臨錄本，而非葉鈔原本。

## 三、《周易釋文校勘記》「宋本」與錢求赤鈔本《周易釋文》之關係

筆者還發現，阮元《周易注疏校勘記》從盧文弨《周易注疏》校本中大量轉引錢求赤鈔本《周易注疏》異文，然阮氏在《周易釋文校勘記》中卻無一處提及錢本《周易釋文》，此現象頗令人不解，有必要作出解釋。筆者以為，造成這種現象只有兩種可能：或是阮氏《校勘記》並未使用錢本《周易釋文》進行校勘，或是阮氏《校勘記》承襲盧氏之說（盧氏認定錢本為「影宋鈔本」），將錢本《周易釋文》當成了「宋本」。〔註34〕以下試作分析。

乾：依字作「𠄌」下「乙」。「𠄌」從旦、㫃，㫃音偃。○「作𠄌下乙」，舊本作「乾下乙」，又「𠄌從旦、㫃」，作「乾從旦、㫃」，皆訛，今從錢本正。（《周易音義考證》第18頁）

乾：依字作「乾」下「乙」。「乾」從旦、㫃，㫃音偃。○十行本、閩本同。監本脫此十三字。宋本「乾」並作「𠄌」，盧本同，是也。（《周易釋文校勘記》第347頁）

按，此條王筠校跋本云：「『乾下』之『乾』，朱、葉作『𠄌』。『乙乾』當作『𠄌』。」劉履芬臨錄本僅校「乾下」之「乾」，云：「𠄌，惠校。」雅雨堂本、國圖宋本作：「依字作『𠄌』下『乙』。『乾』從旦、㫃。」諸本一致，可見葉鈔本與國圖宋本同，僅前一個「乾」作「𠄌」，此與黃焯先生《經典釋文彙校》所言相同。而《周易釋文校勘記》「宋本」兩個皆作「𠄌」，僅與錢本《周易釋文》一致。

據上，難道《周易釋文校勘記》真的認同盧氏看法，將錢本《周易釋文》當作宋本了嗎？如果是，那就意味著《周易釋文校勘記》的「宋本」是一個混雜概念，兼指錢本《周易釋文》與段臧校葉鈔本。然筆者將《周易音義考證》所引錢本《周易釋文》、段臧校本、《周易釋文校勘記》「宋本」三本同出校的文字逐一比勘，發現事實並非如此。三本同出校文字共有34處，除了三本皆同的情況之外（17處），還存在16處《周易釋文校勘記》「宋本」與段臧校本同，卻與錢本《周易釋文》不同的條目。如：

---

〔註34〕袁媛曾引阮元《周易注疏校勘記》云：「宋本、十行本、監本作『正也』。」
　　　　並指出其中「宋本」指錢求赤影宋鈔本。參見袁媛《清代〈經典釋文〉校勘
　　　　整理中的兩個問題》，第329頁。

1. 為粵：鋪為花貌。〇案，錢本、神廟本「花貌」作「花茮」。（《周易音義考證》第 45 頁）

    為粵：鋪為花貌。〇盧本同，宋本「貌」作「皃」，十行本、閩本誤「泉」。（《周易釋文校勘記》第 354 頁）

    按，通志堂本作「花貌」。王筠校跋本云：「『貌』作『皃』。」劉履芬臨錄臧庸校語云：「皃，臧校。」國圖宋本《釋文》作「皃」。而錢本《周易釋文》作「茮」。故《周易釋文校勘記》「宋本」與段臧校本同，與錢本《周易釋文》不同。

2. 喙：徐丁邁反。〇錢本、神廟本作「於穢反」，非。（《周易音義考證》第 45 頁）

    喙：徐丁邁反。〇盧本同。十行本「邁」字舛誤，宋本「丁邁」作「下溝。」（《周易釋文校勘記》第 354 頁）

    按，通志堂本作「丁邁反」。王筠校跋本云：「『丁邁』作『下溝』。」劉履芬臨錄臧庸校語云：「下溝，臧校。」《四部叢刊·釋文校勘記》云：「段作『下溝』。」國圖宋本《釋文》作「丁邁反」，而錢本《周易釋文》作「於穢反」。故《周易釋文校勘記》「宋本」與段臧校本同，與錢本《周易釋文》不同。

3. 為釜：房甫反。〇錢本「扶古反」。（《周易音義考證》第 45 頁）

    為釜：房甫反。〇宋本、盧本同，十行本「房」字缺，閩本「房」作「扶」，下一字模糊，監本作「扶古反」。（《周易釋文校勘記》第 354 頁）

    按，通志堂本作「房甫反」。王筠校跋本、劉履芬臨錄臧庸校本、《四部叢刊·釋文校勘記》皆無校語，國圖宋本《釋文》亦作「房甫反」，故葉鈔本當作「房甫反」。而錢本《周易釋文》作「扶古反」。故《周易釋文校勘記》「宋本」與段臧校本同，與錢本《周易釋文》不同。

    綜上，我們可得有二：一是《周易釋文校勘記》的「宋本」存在諸多與段臧校本同，卻與葉鈔原本不同的條目，如上文所舉《周易釋文校勘記》誤將段臧校語當作葉鈔本原文之例證。可見正如顧廣圻所言，《周易釋文校勘記》「宋本」極有可能是一部段臧校葉鈔本的臨錄本（何元錫所臨錄），而非葉鈔原本。

    二是阮元《周易釋文校勘記》中的「宋本」與錢求赤鈔本《周易釋文》沒有關係。一方面是因為阮元《十三經注疏校勘記》向來以體例嚴謹、校勘精詳而著稱於世，參編諸人皆是當時考據學派的佼佼者，所使用的術語應當較

為嚴格，區分清晰，從一而終，不可能將「宋本」同時指代段玉裁、臧庸校本
與錢求赤鈔本《周易釋文》，且《周易注疏校勘記》中已使用了「宋本」與「錢
本」兩個術語，分別指代宋刻八行本《周易注疏》與錢求赤鈔本《周易注疏》。
故《校勘記》中沒有出現「錢本」術語，很可能是沒有使用錢本《周易釋文》
進行校勘。另一方面，阮元等人修纂《十三經注疏校勘記》時並未見過錢求
赤鈔本，其《周易注疏校勘記》所引錢本異文是自盧文弨《周易注疏》校本轉
引而來，故《周易釋文校勘記》所引錢本《周易釋文》亦當源自盧氏《周易音
義考證》。上文已做過統計，盧氏《周易音義考證》所引錢本《周易釋文》、段
玉裁與臧庸校本、阮氏《周易釋文校勘記》「宋本」同出校的文字共 34 處，
除了 17 處三本皆同之外，有 16 處都是《周易釋文校勘記》「宋本」與段玉裁、
臧庸校本相同，而與錢本《周易釋文》不同，僅有 1 處是《周易釋文校勘記》
「宋本」與錢本《周易釋文》相同（即上文所舉「乾」例）。然只此一例，孤
證不立，不能證明《周易釋文校勘記》「宋本」兼指錢本《周易釋文》。〔註35〕
由上，《周易釋文校勘記》「宋本」不是一個混雜概念，僅指段臧校本，並不兼
指錢本《周易釋文》。

## 本章小結

　　以上從盧文弨《周易音義考證》所引的「錢本」與「宋本」入手，進行了
相關考辨。首先，重新探究了錢本《周易釋文》的版本性質與文本來源，明晰
了並非如盧氏所言「影宋鈔本」，而是一部主要參考葉鈔本、宋刻經注所附《釋
文》、明監本所附《釋文》，擇善而從，重校而成的新文本，其間還存有錢氏據
他書或無版本依據的校改。由此可進一步豐富我們對錢本《周易釋文》的認
識，糾正以往錯誤的觀點。其次，通過對勘《周易音義考證》所引宋本、《周
易釋文校勘記》所稱「宋本」、若干種清儒據葉鈔本的臨校本等，可得《周易
釋文校勘記》的「宋本」並不是葉鈔原本，而是一部段玉裁、臧庸校葉鈔本的
臨錄本。此外，筆者經多方面分析，認為《周易釋文校勘記》的「宋本」是一
個單一的概念，僅指段臧校本，與錢本《周易釋文》沒有關係，並不兼指錢本

---

〔註35〕筆者推測上文所舉「乾」例很有可能是因為《周易釋文校勘記》誤讀而造成
　　　　的巧合。國圖藏王筠校跋本有「『乙乾』當作『𠦟』」句，顯然是校者個人所
　　　　增的校語，而非葉鈔本原文。《周易釋文校勘記》很有可能誤讀此校語，誤認
　　　　為葉鈔本兩個「乾」皆作「𠦟」。

《周易釋文》。

此外，清儒在經書校勘與考據著述中，經常會搜集並使用一些所謂的「宋本」「影鈔宋本」等文本，或含糊其辭，缺乏詳細具體的版本描述；或言之鑿鑿，確信所用就是宋本。然將其所引內容與今存宋本相對勘，卻發現存在不少不同之處，缺乏對應關係，進而得知他們使用的並非是宋版原書，而是一些輾轉相傳的他人校本，且其文本來源不甚明晰。如阮元《春秋左傳注疏校勘記》所據的宋刻八行本《春秋正義》與國圖所藏宋八行本存有諸多不一致的情況，張麗娟經過考察，認為阮校所據宋八行本既非南宋原刻本，亦非據原刻本影鈔本，而是一部段玉裁過錄的校本。〔註36〕由此可見，考析清人經書校本的文本來源，不僅有利於深入認識經書的版本源流，還可以從經學史的層面去梳理探究經學著述間的承襲與流變關係，以明晰其學術史意義。

---

〔註36〕張麗娟《阮元〈春秋左傳注疏校勘記〉與八行本〈春秋左傳正義〉》，《經學文獻研究集刊》2018 年第 19 輯，第 199～214 頁。

# 結　語



　　阮元《十三經注疏校勘記》彙集眾本，精審嚴校，糾正了明代刻本，尤其是毛氏汲古閣本大量的錯誤訛謬，取而代之成為士人共同研習之書，堪稱清學史上最具代表性的學術成果之一，研究價值與意義都十分重大。就研究現狀而言，雖然相關探討已頗為全面，論著數量多達百餘篇，但是主要關注點都在該書本身，就該書研究該書，如從整體上考察編撰緣起（背景）、參與人員、校勘流程、引發爭議等問題，或從個體入手分析單經《校勘記》所據版本、參引文獻與前人成果、校勘方法與體例、不同刻本內容異同等方面。這些研究固然重要，但仍較為基礎，深度不夠，諸多問題依舊含糊不清。根據劉玉才提出的關於《十三經注疏校勘記》成書過程的觀點：「主要還是各自為政，標準亦不一致。」既然各自為政，那麼每部《校勘記》都應有獨特之處，因而必須擺脫舊有的框架束縛，才能推進相關研究。

　　本書以《周易注疏校勘記》為中心，以新見盧文弨《周易注疏》校本為主要依據，採用本體研究與比較研究相結合的方法進行討論。首先探析盧氏《周易注疏》校本本身的情況，再與阮元《周易注疏校勘記》詳細比勘，從而得出《周易注疏校勘記》哪些內容是承襲而來，哪些內容是推進獨創，以此形成一個縱向脈絡，釐清《周易注疏校勘記》的材料、觀點、校勘方法與學術理念之來源，對其成書過程作一個更加深入的研究，對爭議已久的問題提供一個更為可信的說法，以期明晰《十三經注疏校勘記》在清代經學史上的貢獻與意義。

　　通過以上內容的探討，本書得出以下結論：基本釐清盧文弨《周易注疏》校本與阮元《周易注疏校勘記》的關係。清人蕭穆曾云：「抱經先生（盧文弨）

手校《十三經注疏》本，後入山東衍聖公府，又轉入揚州阮氏文選樓，阮太傅作《十三經注疏校勘記》，實以此為藍本。」〔註1〕此觀點影響深遠，給予後人很大啟發。然亦有學者提出異議，如劉玉才認為：「阮元延客校勘《十三經注疏》，應主要是受到當時學術氛圍的影響。阮元《十三經注疏校勘記》與盧文弨手校《十三經注疏》並沒有直接繼承關係。」〔註2〕惜盧文弨《十三經注疏》手校本原書或已不存，故至今爭議不斷。湖北省圖書館藏有一部清人張爾耆過錄的盧文弨《周易注疏》校本，或許是現存唯一一部盧氏《十三經注疏》校本，意義之重大不言自明。筆者首先將盧氏《周易注疏》校本、《群書拾補·周易注疏校正》與阮元《周易注疏校勘記》三書內容進行詳細比勘，可得《周易注疏校勘記》引據的盧氏校勘成果主要源自盧氏《周易注疏》校本，而非《周易注疏校正》。進而從承襲與推進兩個方面具體分析盧氏《周易注疏》校本與《周易注疏校勘記》的關係。承襲方面，《周易注疏校勘記》採用的盧氏校勘成果的類型與數量相當多，不僅從盧氏《周易注疏》校本中轉引大量版本異文，如錢求赤《周易注疏》校本、清武英殿本《周易注疏》、《七經孟子考文補遺》中的宋本、古本、足利本等，還從盧氏《周易注疏》校本中轉引諸多前人校勘著作，如浦鏜《十三經注疏正字》、李鼎祚《周易集解》、毛居正《六經正誤》等，尤其是其中有諸多條校記，盧氏《周易注疏》校本所引材料本身有誤，《周易注疏校勘記》未翻檢原書，徑直承襲盧氏錯誤，此類例子是探討二書關係最有力的證據，足見《周易注疏校勘記》存在大量承襲盧氏《周易注疏》校本的痕跡。推進方面，《周易注疏校勘記》主要表現有：新增六種版本異文、增加參考著作的數量、使用葉林宗影宋鈔本《經典釋文》校勘文字、對部分條目進行按斷考辨。由此可對《周易注疏校勘記》的成書過程有一個更為全面深入的認識：一方面，盧氏《周易注疏》校本不僅在校勘步驟、校勘方法上給予《周易注疏校勘記》諸多參考便利，還提供了基本的工作思路（盧氏融合了山井鼎《七經孟子考文》的諸多版本異文與浦鏜《十三經注疏正字》靈活多樣的校勘方式，使得二書優勢互補，再參以己見，開創一條重要且可行的校勘《十三經注疏》的方法與路徑，此舉對阮元等人深有啟發，

〔註1〕（清）蕭穆《敬孚類稿》，《續修四庫全書》第 1561 冊，上海古籍出版社，2002年，第 46 頁。
〔註2〕劉玉才《阮元〈十三經注疏校勘記〉成書蠡測》，《國學研究》2015 年第 35卷，第 4 頁。

被廣泛借鑒使用），可謂《周易注疏校勘記》之藍本；另一方面，《周易注疏校勘記》並不是完全承襲，而是在盧氏校本的基礎上，增補大量校記，其中有不少獨到的見解，從而大大推進了《周易》的校勘工作，終成不朽之作。

　　綜上，從盧文弨《周易注疏》校本到阮元《周易注疏校勘記》，每一部書絕非憑空出現，都是在借鑒、吸收、批判前人成果的基礎上，推陳出新，取得更多創獲，以此形成一條縱向脈絡，推動學術不斷向前發展。由此可見，我們在研究《十三經注疏校勘記》之時，除了本體研究之外，更應該從學術史的角度入手，進行比較研究，釐清《十三經注疏校勘記》與前、後著作之間的關係，對前代成果有何承襲與推進，對後代著述又有何影響，只有這樣才能更清楚更準確地認識到《十三經注疏校勘記》承前啟後的學術地位與價值，給予一個合理的學術評價，這對於清代經學與學術史而言，有著相當重要的意義。

　　阮元《十三經注疏校勘記》作為中國古典學術的代表性著作，時至今日仍是文史學者案頭必備之書，恐尚無出其右者，學術價值之大不言自明。本書僅以《周易注疏校勘記》為考察中心，闡述一種學術史的研究方法與路徑，以期對其餘諸經《校勘記》的探研起到一定借鑒作用，希冀有助於推進《十三經注疏校勘記》與清代經學史的相關研究。

# 參考文獻

## 一、古籍

1. 《四部叢刊初編》影印宋淳熙撫州公使庫刻經注本《周易》。

2. 《中華再造善本・唐宋編》影印國家圖書館藏宋建陽坊刻經注附《釋文》本《周易》。

3. 臺北「國家圖書館」藏南宋福建刻經注附《釋文》本《篡圖互注周易》。

4. 《中華再造善本・金元編》影印國家圖書館藏元相臺岳氏荊谿家塾刻經注附《釋文》本《周易》。

5. 《中華再造善本・唐宋編》影印國家圖書館藏宋刻宋元遞修單疏本《周易正義》。

6. 日本足利學校藏南宋刻八行本《周易注疏》。

7. 《中華再造善本・唐宋編》影印國家圖書館藏宋兩浙東路茶鹽司刻宋元遞修本《周易注疏》。

8. 美國加利福尼亞大學伯克利分校藏元刊十行本《周易兼義》。

9. 原國立北平圖書館甲庫藏明永樂二年刻本《周易兼義》。

10. 《中華再造善本・金元編》影印北京市文物局藏元刊明修本《周易兼義》。

11. 日本東京大學東洋文化研究所藏明嘉靖李元陽刻閩本《周易兼義》。

12. 德國巴伐利亞國家圖書館藏明萬曆北監本《周易兼義》。

13. 日本內閣文庫藏明萬曆重修監本《周易兼義》。

14. 日本東京大學東洋文化研究所藏明崇禎毛氏汲古閣刻本《周易兼義》。

15. 天津圖書館藏清武英殿刊本《周易注疏》。

16. 傳古樓據上海圖書館藏清嘉慶阮元校刻本《周易兼義》，浙江大學出版社，2014 年。

17. 《中華再造善本·唐宋編》影印國家圖書館藏宋刻宋元遞修本《經典釋文》。

18. 《四部叢刊初編》影印清通志堂本《經典釋文》。

19. 國家圖書館藏清乾隆二十一年惠棟校定《雅雨堂叢書》本《周易音義》。

20. （東漢）班固等撰《漢書》，中華書局，1962 年。

21. （南朝宋）范曄《後漢書》，中華書局，1965 年。

22. （南朝梁）沈約《宋書》，中華書局，1974 年。

23. （南朝梁）蕭統撰，（唐）李善注《文選》，上海古籍出版社，1986 年。

24. （唐）李鼎祚《周易集解》，書目文獻出版社，1988 年。

25. （唐）顏師古撰，嚴旭疏證《匡謬正俗疏證》，中華書局，2019 年。

26. （唐）元稹《元稹集》，中華書局，1982 年。

27. （唐）張參《五經文字》，《叢書集成初編》本。

28. （宋）呂祖謙撰，黃靈庚主編《呂祖謙全集》，浙江古籍出版社，2008 年。

29. （宋）毛居正《六經正誤》，《文淵閣四庫全書》本。

30. （宋）王應麟撰，（清）翁元圻注《困學紀聞》，中華書局，1959 年。

31. （元）岳濬《九經三傳沿革例》，《叢書集成初編》本。

32. （清）畢沅校注《墨子》，上海古籍出版社，2014 年。

33. （清）陳康祺《郎潛紀聞初筆二筆三筆》，中華書局，1984 年。

34. （清）陳澧《東塾讀書記》，三聯書店，1998 年。

35. （清）陳鱣《經籍跋文》，《叢書集成初編》本。

36. （清）丁丙《善本書室藏書志》，《續修四庫全書》本。

37. （清）董增齡《國語正義》，《續修四庫全書》本。

38. （清）段玉裁《古文尚書撰異》，《續修四庫全書》本。

39. （清）段玉裁《周禮漢讀考》，《續修四庫全書》本。

40. （清）段玉裁《說文解字注》，上海古籍出版社，1981 年。

41. （清）段玉裁撰，鍾敬華點校《經韻樓集（附補編年譜）》，上海古籍出版社，2007 年。

42. （清）傅增湘《藏園群書經眼錄》，中華書局，1980 年。

43. （清）顧廣圻《思適齋集》，《續修四庫全書》本。

44. （清）顧廣圻《顧千里集》，中華書局，2007 年。

45. （清）顧炎武撰，華東師範大學古籍研究所整理《顧炎武全集》，上海古籍出版社，2011 年。

46. （清）桂馥《札樸》，商務印書館，1958 年。

47. （清）黃丕烈《士禮居藏書題跋記》，上海古籍出版社，2015 年。

48. （清）惠棟《九經古義》，《文淵閣四庫全書》本。

49. （清）焦循《雕菰集》，《叢書集成初編》本。

50. （清）柯劭忞等《清史稿》，中華書局，1977 年。

51. （清）盧文弨撰，王文錦點校《抱經堂文集》，中華書局，2006 年。

52. （清）盧文弨撰，陳東輝主編《盧文弨全集》，浙江大學出版社，2017 年。

53. （清）納蘭性德、徐乾學編《通志堂經解》，廣陵書社，2007 年。

54. （清）皮錫瑞撰，周予同注釋《經學歷史》，中華書局，2004 年。

55. （清）浦鏜《十三經注疏正字》，《文淵閣四庫全書》本。

56. （清）錢大昕《潛研堂文集》，上海古籍出版社，1989 年。

57. （清）錢大昕著，楊勇軍整理《十駕齋養新錄》，上海古籍出版社，2011 年。

58. （清）錢大昕撰，陳文和主編《嘉定錢大昕全集（增訂本）》，鳳凰出版社，2016 年。

59. （清）錢泰吉《甘泉鄉人稿》，《續修四庫全書》本。

60. （清）瞿鏞《鐵琴銅劍樓藏書目錄》，中華書局，1990 年。

61. （清）阮元校刻《十三經注疏（附校勘記）》，中華書局，2009 年。

62. （清）阮元主編《皇清經解》，上海書店，1988 年影印本。

63. （清）阮元主編《宋本十三經注疏並釋文校勘記》，《續修四庫全書》本。

64. （清）阮元主編，劉玉才主持整理《十三經注疏校勘記》，北京大學出版社，2016 年。

65. （清）阮元主編，李學勤主持整理《十三經注疏》標點本，北京大學出版社，1999 年。

66. （清）阮元撰，鄧經元點校《揅經室集》，中華書局，1993 年。

67. （清）沈豫撰，趙燦鵬校注《皇清經解提要》，華夏出版社，2014 年。

68. （清）孫詒讓撰，雪克輯校《十三經注疏校記》，中華書局，2009 年。

69. （清）王鳴盛著，顧美華標校《蛾術編》，上海書店出版社，2012 年。

70. （清）王引之《經義述聞》，上海書店出版社，2012 年。

71. （清）吳騫《愚谷文存》，清嘉慶十二年刻本。

72. （清）吳壽暘《拜經樓藏書題跋記》，清道光二十七年刻本。

73. （清）蕭穆《敬孚類稿》，《續修四庫全書》本。

74. （清）許瑤光修，（清）吳仰賢等纂《光緒嘉興府志》，《中國地方志集成·浙江府縣志輯》，上海書店出版社，1993 年。

75. （清）閻若璩撰，錢文忠整理，朱維錚審閱《尚書古文疏證》，《中國經學史基本叢書》，上海書店出版社，2012 年。

76. （清）葉德輝《書林清話》，中華書局，1957 年。

77. （清）永瑢《四庫全書總目》，中華書局，1965 年。

78. （清）俞樾《群經平議》，《續修四庫全書》本。

79. （清）俞樾《十三經注疏序》，清光緒十三年上海點石齋重校縮印阮刻本《十三經注疏》。

80. （清）臧琳《經義雜記》，《續修四庫全書》本。

81. （清）臧庸《拜經堂文集》，《續修四庫全書》本。

82. （清）張爾耆《夬齋雜著》，《北京師範大學圖書館藏稀見清人別集叢刊》第 23 冊，廣西師範大學出版社，2007 年。

83. （清）張鑒等撰，黃愛平點校《阮元年譜》，中華書局，1995 年。

84. （清）張之洞著，范希曾補正《書目答問補正》，上海古籍出版社，1983 年。

## 二、著作

1. 葉景葵撰，顧廷龍、潘景鄭修訂《杭州葉氏卷盦藏書目錄》，上海合眾圖書館，1953 年。

2. 汪宗衍《顧千里先生年譜》，《中國歷代名人年譜彙編》，臺北廣文書局，1975 年。

3. 高亨《周易古經今注》，中華書局，1984 年。

4. 支偉成《清代樸學大師列傳》，岳麓書社，1986 年。

5. 中國古籍善本書目編輯委員會編《中國古籍善本書目》,上海古籍出版社,1986 年。

6. 顧志興《盧文弨與抱經堂》,浙江人民出版社,1987 年。

7. 丁福保《說文解字詁林》,中華書局,1988 年。

8. 李慶《顧千里研究》,上海古籍出版社,1989 年。

9. 張舜徽《清代揚州學記》,齊魯書社,1991 年。

10. 嚴紹璗《漢籍在日本的流佈研究》,江蘇古籍出版社,1992 年。

11. 王章濤《阮元傳》,黃山書社,1994 年。

12. 王利器《曉傳書齋集》,華東師範大學出版社,1997 年。

13. 梁啟超《清代學術概論》,上海古籍出版社,1998 年。

14. 漆永祥《乾嘉考據學研究》,中國社會科學出版社,1998 年。

15. 潘景鄭《著硯樓讀書記》,遼寧教育出版社,2002 年。

16. 王欣夫撰,鮑正鵠、徐鵬整理《蛾術軒篋存善本書錄》,上海古籍出版社,2002 年。

17. 王章濤《阮元年譜》,黃山書社,2003 年。

18. 張政烺《張政烺文史論集》,中華書局,2004 年。

19. 陳祖武,朱彤窗《乾嘉學術編年》,河北人民出版社,2005 年。

20. 陳居淵《阮元評傳》,南京大學出版社,2006 年。

21. 劉盼遂編《段玉裁先生年譜》,陳祖武主編《乾嘉名儒年譜》,北京圖書館出版社,2006 年。

22. 羅繼祖編《段愻堂先生年譜》,陳祖武主編《乾嘉名儒年譜》,北京圖書館出版社,2006 年。

23. 嚴紹璗《日藏漢籍善本書錄》,中華書局,2007 年。

24. 黃焯《經典釋文彙校》,武漢大學出版社,2008 年。

25. 中國國家古籍保護中心編《第一批國家珍貴古籍名錄圖錄》,國家圖書館出版社,2008 年。

26. 中國古籍總目編纂委員會編《中國古籍總目》,中華書局,2012 年。

27. 張麗娟《宋代經書注疏刊刻研究》,北京大學出版社,2013 年。

28. 鄒百耐《雲間韓氏藏書題識彙錄》,上海古籍出版社,2013 年。

29. 陳先行主編《中國古籍稿鈔校本圖錄》,上海書店,2014 年。

30. 顧永新《經學文獻的衍生和通俗化——以近古時代的傳刻為中心》，北京大學出版社，2014 年。

31. 劉玉才主編《經典與校勘論叢》，北京大學出版社，2015 年。

32. 楊峰、張偉《清代經學學術編年》，鳳凰出版社，2015 年。

33. 石立善主編《日本十三經注疏文獻集成·加藤虎之亮〈周禮經注疏音義校勘記〉》，中西書局，2016 年。

34. 孔祥軍《阮刻周易注疏圈字彙校考正》，光明日報出版社，2019 年。

35. 李霖《宋本群經義疏的編校與刊印》，中華書局，2019 年。

36. 喬秀岩、葉純芳《學術史讀書記》，三聯書店，2019 年。

37. （日）阿部隆一《日本國見在宋元版本志》，見《斯道文庫論集》，1982 年。

38. （日）近藤光男《清朝考證學の研究》，東京研文社，1987 年。

39. （日）本田成之撰，孫俍工譯《中國經學史》，上海書店出版社，2001 年。

40. （日）森立之《經籍訪古志》，《日本藏漢籍善本書志書目集成》第 1 冊，北京圖書館出版社，2003 年。

41. （日）山井鼎、物觀《七經孟子考文補遺》，國家圖書館出版社，2016 年。

## 三、期刊論文

1. 陳鴻森《盧文弨鍾山劄記後案——乾嘉學術史的基礎研究》，《國立中央圖書館館刊》1986 年第 2 期。

2. 陳鴻森《段玉裁年譜訂補》，《臺灣中央研究院歷史語言研究所集刊》1989 年第 60 卷第 3 期。

3. 漆永祥《乾嘉學術成因新探》，《西北師範大學學報》1991 年第 2 期。

4. 陳東輝《阮元的學術地位與成就》，《杭州師範學院學報》1991 年第 2 期。

5. 漆永祥《論段顧之爭對乾嘉校勘學的影響》，《古籍整理研究學刊》1991 年第 3 期。

6. 葉建華《論清代浙江的經學研究》，《浙江學刊》1991 年第 6 期。

7. 黃愛平《阮元學術述論》，《史學集刊》1992 年第 1 期。

8. 陳祖武《乾嘉學術吳皖分派說商榷》，《貴州社會科學》1992 年第 2 期。

9. 漆永祥《段玉裁校勘學述論》,《古籍整理研究學刊》1993 年第 6 期。

10. 車行健《山井鼎經籍校勘的文獻憑藉——〈七經孟子考文〉與日本足利學校所藏漢籍》,《經學研究論叢》1994 年第 1 輯。

11. 漆永祥《論清代學術史上的漢宋之爭》,《北京大學研究生學刊》1995 年第 4 期。

12. 陳居淵《乾嘉吳派新論》,《社會科學戰線》,1995 年第 5 期。

13. 黃愛平《漢學師承記與漢學商兌——兼論清代中葉的漢宋之爭》,《中國文化研究》1996 年第 4 期。

14. 漆永祥《論乾嘉考據學派別之劃分與相關諸問題》,《國學研究》1998 年第 5 卷。

15. 黃愛平《乾嘉漢學治學宗旨及其學術實踐探析》,《清史研究》2002 年第 3 期。

16. 萬獻初《經典釋文研究綜論》,《古籍整理研究學刊》2005 年第 1 期。

17. 陳東輝《阮元與段玉裁之恩怨探析》,《浙江大學學報》2005 年第 3 期。

18. 黃愛平《清代漢學流派研究的歷史考察及其評析》,《中國文化研究》2008 年第 3 期。

19. 羅軍鳳《論段玉裁的義理校勘——為段顧之爭進一解》,《西安交通大學學報》2008 年第 3 期。

20. 李致忠《十三經注疏版刻略考》,《文獻》2008 年第 4 期。

21. 喬秀岩《基於文獻學的經學史研究》,《儒家典籍與思想研究》2009 年第 1 輯。

22. 高柯立《國家圖書館藏韓應陛藏書題跋考釋》,《文獻》2010 年第 4 期。

23. 李軍《松江讀有用書齋韓氏家世考》,《中國典籍與文化》2012 年第 4 期。

24. 漆永祥《乾嘉考據學新論》,《北京大學學報》2013 年第 3 期。

25. 楊軍、黃繼省《盧文弨抱經堂本〈經典釋文〉再評價》,華學誠主編《文獻語言學》2016 年第 2 輯。

26. 袁媛《也談段顧之爭——時代風氣與個人治學的交織》,《文獻》2016 年第 3 期。

27. 王曉靜《閩刻十三經注疏山井鼎手校本價值考論》,《文獻》2017 年第 2 期。

# 附錄：阮元《十三經注疏校勘記》研究論著目錄簡編

## 一、《十三經注疏校勘記》整體研究

### 著作

1. 漆永祥《乾嘉考據學研究》，中國社會科學出版社，1998 年。
2. 王欣夫《王欣夫說文獻學》，上海古籍出版社，2000 年。
3. 黃愛平《樸學與清代社會》，河北人民出版社，2003 年。
4. 洪湛侯《徽派樸學》，安徽人民出版社，2005 年。
5. 陳居淵《阮元評傳》，南京大學出版社，2006 年。
6. 黃慶雄《阮元輯書刻書考》，臺北花木蘭文化出版社，2007 年。
7. 張麗娟《宋代經書注疏刊刻研究》，北京大學出版社，2013 年。
8. 鍾玉發《阮元學術思想研究》，中國社會科學出版社，2013 年。
9. 顧永新《經學文獻的衍生和通俗化——以近古時代的傳刻為中心》，北京大學出版社，2014 年。
10. 林久貴《阮元經學研究》，人民出版社，2015 年。
11. 羅積勇、李愛國、黃燕妮《中國古籍校勘史》，武漢大學出版社，2015 年。
12. 蔣鵬翔《阮刻〈十三經注疏〉序》，傳古樓據上海圖書館藏清嘉慶刊本影印，浙江大學出版社，2015 年。

## 期刊論文

1. 汪紹楹《阮氏重刻宋本〈十三經注疏〉考》,《文史》第 3 輯,1963 年。

2. 屈萬里《〈十三經注疏〉刻板述略》,《書傭論學集》,臺北開明書店,1980 年。

3. 楊忠《〈皇清經解〉與〈十三經注疏(附校勘記)〉非全出江西文人之手》,《江西大學學報(社會科學版)》1980 年第 3 期。

4. 郭明道《阮元的校勘思想和方法——阮元研究之四》,《揚州師院學報(社會科學版)》1991 年第 2 期。

5. 陳志輝《阮元與〈十三經注疏〉》,《揚州大學學報》1997 年第 4 期。

6. 陳東輝《略論〈十三經注疏〉及〈校勘記〉》,《文教資料》1997 年第 6 期。

7. 宋麗群、孟鷗《阮元的校勘學和編纂學成就》,《青島大學師範學院學報》2002 年第 1 期。

8. 唐光榮《〈十三經注疏校勘記〉中的兩類校勘記》,《古籍整理研究學刊》2004 年第 3 期。

9. 唐光榮《阮元、段玉裁與〈十三經注疏校勘記〉》,《楚雄師範學院學報》2004 年第 4 期。

10. 錢毅、王傳東、嵇銀宏《阮元著述文本的總貌及其整理的現狀和意義》,《古籍整理研究學刊》2007 年第 1 期。

11. 錢宗武、陳樹《論阮元〈十三經注疏校勘記〉兩個版本系統》,《揚州大學學報(人文社會科學版)》2007 年第 1 期。

12. 陳文和《阮元的校勘學》,《揚州文化研究論叢》2008 年第 1 期。

13. 李海燕《論阮元在文獻纂刻方面的成就》,《圖書與情報》2008 年第 2 期。

14. 李致忠《〈十三經注疏〉版刻略考》,《文獻》2008 年第 4 期。

15. 張麗娟《關於宋元刻十行注疏本》,《文獻》2011 年第 4 期。

16. 陳才《阮元本〈十三經注疏〉誤刻六則——兼談古籍校勘中參校對象的問題》,《船山學刊》2012 年第 1 期。

17. 魏慶彬《阮刻〈十三經注疏〉版本初探》,《文教資料》2012 年第 26 期。

18. 李慧玲《試論阮元〈十三經注疏校勘記〉得以問世的客觀條件》,《東南學術》2013 年第 1 期。

19. 盧翠琬《阮元〈十三經注疏〉校刻之成就與不足》,《欽州學院學報》2013 年第 4 期。

20. 吳昱昊《讀阮元〈十三經注疏校勘記〉箚記》,《大理學院學報》2013 年第 7 期。

21. 王章濤《從兩篇序文談阮元與段玉裁的關係》,阮錫安、姚正根主編《阮元研究論文選》,廣陵書社,2014 年。

22. 余新華《阮元的學術淵源與宗旨》,阮錫安、姚正根主編《阮元研究論文選》,廣陵書社,2014 年。

23. 姜廣輝《乾嘉漢學的殿軍——阮元》,阮錫安、姚正根主編《阮元研究論文選》,廣陵書社,2014 年。

24. 陳居淵《論阮元的經學思想》,阮錫安、姚正根主編《阮元研究論文選》,廣陵書社,2014 年。

25. 陳東輝《試論阮元在訓詁學上的貢獻》,阮錫安、姚正根主編《阮元研究論文選》,廣陵書社,2014 年。

26. 陳東輝《詁經精舍對 19 世紀浙江學術發展之重要影響》,阮錫安、姚正根主編《阮元研究論文選》,廣陵書社,2014 年。

27. 郭道明《論阮元對乾嘉漢學的貢獻》,阮錫安、姚正根主編《阮元研究論文選》,廣陵書社,2014 年。

28. 劉玉才《阮元與詁經精舍的學術崇尚》,阮錫安、姚正根主編《阮元研究論文選》,廣陵書社,2014 年。

29. 劉寶玲《略論阮元在文獻學上的成就》,阮錫安、姚正根主編《阮元研究論文選》,廣陵書社,2014 年。

30. 高橋智、劉斯倫《關於清嘉慶年間刊刻的〈十三經注疏〉版本》,程煥文、沈津、王蕾主編《2014 年中文古籍整理與版本目錄學國際學術研討會論文集》,廣西師範大學出版社,2015 年。

31. 劉玉才《阮元〈十三經注疏校勘記〉成書蠡測》,《國學研究》2015 年第 1 期。

32. 陳東輝、王坤《〈十三經注疏校勘記〉與〈七經孟子考文補遺〉之關係探微》,《國學學刊》2015 年第 1 期。

33. 陳東輝、王坤《阮元〈十三經注疏校勘記〉與山井鼎等〈七經孟子考文補遺〉之關係考辨》,《揚州文化研究論叢》2015 年第 1 期。

34. 杜澤遜《十三經注疏彙校緣起》,《十三經注疏彙校》總前言,中華書局,2015 年。

35. 邱亮、唐生周《漢宋分幟與〈十三經注疏〉兩種校考記的形成——兼談阮刻本對殿本避而不談的原因》,《浙江學刊》2016 年第 6 期。

36. 王耐剛《〈十三經注疏校勘記〉版本述略》,《歷史文獻研究》2016 年第 37 輯。

37. 王曉靜《閩刻〈十三經注疏〉山井鼎手校本價值考論》,《文獻》2017 年第 2 期。

38. 井超《阮元校勘〈十三經注疏〉暗引殿本瑣議》,《古籍整理研究學刊》2018 年第 2 期。

39. 沈相輝《〈十三經注疏校勘記〉對〈考文〉古本的利用及其不足》,《歷史文獻研究》第 42 輯。

## 學位論文

1. 劉德美《阮元學術之研究》第四章「阮元考據學成就」,國立臺灣師範大學歷史研究所博士學位論文,1986 年。

2. 楊錦富《阮元經學之研究》第三章「阮元之著述」,國立高雄師範大學國文系博士學位論文,1990 年。

3. 唐光榮《〈十三經注疏校勘記〉圈後按語作者問題考論》,西南師範大學古典文獻學專業碩士學位論文,指導教師:蔣宗福,2001 年。

4. 甘良勇《阮元〈十三經注疏校勘記序〉箋證》,河南師範大學歷史文獻學專業碩士學位論文,指導教師:呂友仁,2005 年。

5. 陳樹《〈十三經注疏校勘記〉研究的語言學視角》,揚州大學漢語言文字學專業碩士學位論文,指導教師:錢宗武,2008 年。

6. 井超《阮元〈十三經注疏校勘記〉研究》,南京師範大學古典文獻學專業博士學位論文,指導教師:王鍔,2018 年。

## 國外論著

1. (日)長澤規矩也《正德十行本注疏非宋本考》,《中國文哲研究通訊》第 10 卷第 4 期,臺北「中央」研究院中國文哲研究所,2000 年。

2. (日)長澤規矩也《十三經注疏版本略說》,《中國文哲研究通訊》第 10 卷第 4 期,臺北「中央」研究院中國文哲研究所,2000 年。

3. （日）長澤規矩也《越刊八行本注疏考》，《中國文哲研究通訊》第 10 卷
   第 4 期，臺北「中央」研究院中國文哲研究所，2000 年。

4. （日）野見文史撰、童嶺譯《近代以來日本的〈十三經注疏校勘記〉研
   究》，《中國經學》2013 年第 11 輯。

5. （日）水上雅晴《〈十三經注疏校勘記〉的編纂以及段玉裁的參與》，《中
   國經學》2010 年第 6 輯。

6. （日）關口順《〈十三經注疏校勘記〉略說》，劉玉才主編《經典與校勘
   論叢》，北京大學出版社，2015 年。

## 二、單經《校勘記》的個體研究

### 《周易注疏校勘記》

1. 喬衍琯《跋宋監本〈周易正義〉——兼論阮元〈十三經注疏校勘記〉》，
   《喬衍琯古籍整理自選集》，臺北文史哲出版社，1999 年。

2. 楊天才《〈周易正義〉研究》，福建師範大學古典文獻學專業博士學位論
   文，指導教師：張善文，2007 年。

3. 谷繼明《〈周易注疏〉版本流變及阮刻〈周易正義〉補議》，《周易研究》
   2010 年第 4 期。

4. 袁媛《阮元〈十三經注疏校勘記〉文選樓本和南昌府學本比較研究——
   以〈周易〉、〈毛詩〉、〈爾雅〉為例》，北京大學古典文獻學專業碩士學位
   論文，指導教師：吳鷗，2010 年。

5. 潘忠偉《〈周易正義〉唐宋傳本略考及阮元本之問題》，《成都大學學報
   （社科版）》2011 年第 4 期。

6. 劉玉才《阮元〈十三經注疏校勘記〉成書蠡測》，《國學研究》2015 年第
   35 卷。

7. 張學謙《〈周易注疏校勘記〉編纂考述》，《版本目錄學研究》2016 年第
   7 輯。

8. 王寧《盧文弨〈周易注疏〉校勘研究》，山東大學古典文獻學專業碩士學
   位論文，指導教師：杜澤遜，2016 年。

9. 顧永新《〈周易〉注疏合刻本源流系統考——基於乾卦經傳注疏異文的
   完全歸納法》，《儒家典籍與思想研究》第 9 輯，北京大學出版社，2017
   年。

10. 顧永新《錢求赤鈔本〈周易注疏〉考實》,《文獻》2018 年第 1 期。

## 《尚書注疏校勘記》

1. 古國順《清代尚書著述考》,臺灣政治大學中國文學研究所碩士學位論文,指導教師:胡自逢,1975 年。

2. 古國順《清儒校勘〈尚書〉之成績》,《孔孟月刊》1980 年第 6 期。

3. 史振卿《1911 年以來學界對清儒〈尚書〉著述研究綜述》,《中國史研究動態》2010 年第 12 期。

4. 杜澤遜《阮元刻〈尚書注疏校勘記〉「岳本」辨正》,《文獻》2014 年第 2期。

5. 班龍門《〈尚書·盤庚〉注疏阮校補正》,山東大學古典文獻學專業碩士學位論文,指導教師:杜澤遜,2014 年。

## 《毛詩注疏校勘記》

1. 馮浩菲《阮元〈毛詩注疏校勘記〉一類校例辨正》,《古籍整理與研究》1990 年第 5 期。

2. 陳國安《清代詩經學研究綜述》,《蘇州大學學報(哲學社會科學版)》2004 年第 5 期。

3. 鄭春汛《阮元〈毛詩注疏〉零校》,武漢大學古典文獻學專業碩士學位論文,指導教師:駱瑞鶴,2004 年。

4. 鄭春汛《阮元刻〈毛詩注疏〉引文校勘》,《襄樊學院學報》2006 年第 3期。

5. 鄭春汛《阮刻本〈毛詩正義〉引文校證》,《古籍整理研究學刊》2006 年第 6 期。

6. 李慧玲《阮刻〈毛詩注疏(附校勘記)〉研究》,華東師範大學古典文獻學專業博士論文,指導教師:朱傑人,2008 年。

7. 李慧玲《阮刻〈毛詩注疏〉底本諸說之辨正》,《中華文史論叢》2008 年1 月(總第八十九輯)。

8. 李慧玲《阮元〈毛詩注疏校勘記〉的兩個版本辨析》,《華東師範大學學報(哲學社會科學版)》2009 年第 1 期。

9. 毛承慈《〈毛詩注疏校勘記〉判定異文正誤的原則》,《南陽師範學院學報》2011 年第 10 期。

10. 林為為《阮刻〈毛詩注疏〉校議》，南京師範大學古典文獻學專業碩士論文，指導教師：劉立志，2012 年。

11. 陳濬寬《阮元〈毛詩注疏校勘記〉探析》，臺灣私立東海大學中國文學系碩士學位論文，指導教師：李威熊，2012 年。

12. （日）水上雅晴《顧廣圻與〈十三經注疏校勘記〉——以〈毛詩釋文校勘記〉為考察中心》，劉玉才主編《經典與校勘論叢》，北京大學出版社，2015 年。

13. 程蘇東《阮元〈十三經注疏校勘記・毛詩〉所稱「正義本」考辨》，劉玉才主編《經典與校勘論叢》，北京大學出版社，2015 年。

14. 孔祥軍《校阮元〈宋本十三經注疏並經典釋文校勘記・毛詩注疏校勘記〉卷一》，《揚州文化研究論叢》2015 年第 2 期。（注：一系列文章，此刊連載）

## 《周禮注疏校勘記》

1. 常相波《阮刻本〈周禮注疏・夏官〉校讀小箚》，《南京師範大學文學院學報》2010 年第 1 期。

2. 唐田恬《阮元〈周禮注疏校勘記〉探析》，北京大學古典文獻學專業碩士學位論文，指導教師：王麗萍，2013 年。

3. 唐田恬《〈周禮注疏校勘記〉平議》，劉玉才主編《經典與校勘論叢》，北京大學出版社，2015 年。

4. 張麗娟《〈周禮注疏校勘記〉「惠校本」及其他》，《文獻》2016 年第 4 期。

## 《儀禮注疏校勘記》

1. 彭林《論清人〈儀禮〉校勘之特色》，《中國史研究》1988 年第 1 期。

2. 程一凡《阮刻本〈儀禮注疏〉校議》，《文教資料》2010 年第 18 期。

3. 王娜《論〈五禮通考・賓禮〉對阮刻本〈儀禮注疏〉的校勘價值》，《文教資料》2009 年第 18 期。

4. 陳功文《〈儀禮正義〉所引〈儀禮注疏校勘記〉之版本考》，《大學圖書情報學刊》2011 年第 2 期。

5. 陳功文《〈儀禮正義〉與〈儀禮注疏校勘記〉校勘之比較》，淮北師範大學學報（哲學社會科學版），2012 年第 6 期。

6. 張文《南昌府學本〈儀禮注疏〉所附校勘記辨正》，劉玉才主編《經典與

校勘論叢》，北京大學出版社，2015 年。

7. 周慧惠《天一閣藏顧廣圻校〈儀禮注疏〉考述》，《文獻》2016 年第 1 期。

8. 吳婷《阮元〈儀禮注疏校勘記〉研究》，湖北大學古典文獻學專業碩士學位論文，指導教師：林久貴，2017 年。

9. 呂友仁《阮刻〈禮記注疏〉並非最佳版本》，《讀經識小錄》，上海古籍出版社，2017 年。

10. 井超《阮元〈儀禮石經校勘記〉平議》，《文史》2019 年第 3 輯。

## 《禮記注疏校勘記》

1. 劉文強《阮元〈十三經注疏校勘記〉研究——〈禮記〉篇》，《第五屆清代學術研討會論文集》，1997 年 11 月。

2. 呂友仁《〈十三經注疏·禮記注疏〉整理本平議》，《中國經學》2005 年第 1 輯。

3. （日）喬秀岩《〈禮記〉版本雜識》，《北京大學學報（哲學社會科學版）》2006 年第 5 期。

4. 王鍔《〈五禮通考〉徵引〈十三經注疏〉考異》，《第二屆傳統中國研究國際學術討論會論文集（二）》，2007 年。

5. 王鍔《論〈五禮通考〉對阮刻本〈禮記正義〉的校勘價值》，《歷史文獻研究》2008 年第 27 輯。

6. 邱奎《阮刻〈十三經注疏〉本〈禮記·月令〉校讀箚記》，《大學圖書情報學刊》2010 年第 5 期。

7. 曾曉梅，毛遠明《阮元校勘〈禮記正義〉存在的問題》，《圖書情報工作》2011 年第 23 期。

8. 王坤《〈十三經注疏校勘記〉與〈七經孟子考文〉之〈禮記〉校勘考釋》，浙江大學漢語言文字學專業碩士學位論文，指導教師：陳東輝，2012 年。

9. 郎文行《阮本〈禮記注疏〉底本改字初探》，《文教資料》2013 年第 29 期。

10. 井超《阮元〈禮記·曲禮〉之〈校勘記〉校讀箚記》，《文教資料》2013 年第 31 期。

11. 郎文行《阮刻本〈禮記注疏〉校勘記符號初探》，《文教資料》2013 年第 32 期。

12. 郎文行《阮元校刻〈禮記注疏〉江西書局本版本考述》,《語文學刊》2014年第 14 期。

13. 郎文行《阮刻本〈禮記注疏〉校讀箚記》,南京師範大學古典文獻學專業碩士學位論文,指導教師：方向東,2014 年。

14. 井超《阮元〈禮記注疏校勘記〉研究》,南京師範大學古典文獻學專業碩士學位論文,指導教師：王鍔,2015 年。

15. 王鍔《阮刻本〈禮記注疏校勘記〉質疑——以〈禮運〉篇為例》,《杭州師範大學學報（社會科學版）》2016 年第 1 期。

16. 井超《盧宣旬摘錄〈禮記注疏校勘記〉訛誤考辨》,《中國典籍與文化》2016 年第 3 期。

17. 朗文行《從阮刻本〈禮記注疏〉看殿本的校勘價值》,《蘭臺世界》2016年第 5 期。

18. 井超《〈禮記釋文校勘記〉考論》,《中國經學》2017 年第 20 輯。

19. 井超《盧宣旬摘錄〈禮記注疏校勘記〉刪節條目探析》,《經學文獻研究集刊》2017 年第 17 輯。

20. 呂友仁、呂梁《「惠棟校宋本」辨》,《儒家典籍與思想研究》第 9 輯,北京大學出版社,2017 年。

## 《春秋左傳注疏校勘記》

1. 劉宗棠《清代〈左傳〉文獻研究》,山東大學博士學位論文,指導教師：劉曉東,2008 年。

2. 金永健《清代〈左傳〉考證研究》,揚州大學博士學位論文,指導教師：田漢雲,2009 年。

3. 趙陽《〈七經孟子考文補遺〉與〈十三經注疏校勘記〉關於〈左傳〉校釋之平議》,浙江大學漢語言文字學專業碩士學位論文,指導教師：陳東輝,2013 年。

4. 李玉嬌《阮刻本〈春秋左傳正義〉校勘箚記》,南京師範大學古典文獻學專業碩士學位論文,指導教師：周先林,2013 年。

5. 袁媛《阮元〈春秋左傳注疏校勘記〉成書管窺——從陳樹華〈春秋經傳集解考正〉到阮書》,劉玉才主編《經典與校勘論叢》,北京大學出版社,2015 年。

6. 張麗娟《阮元〈春秋左傳注疏校勘記〉與八行本〈春秋左傳正義〉》,《經學文獻研究集刊》2018 年第 19 輯。

7. （日）野間文史《自述〈春秋正義校勘記〉之創作》,劉玉才主編《經典與校勘論叢》,北京大學出版社,2015 年。

8. 劉娟《〈春秋左傳正義〉校勘箚記》,南京師範大學碩士學位論文,指導老師：趙生群,2010 年。

## 《春秋公羊傳注疏校勘記》

1. 蔣宗福《〈春秋公羊傳注疏〉阮校辨誤》,《古籍整理研究學刊》2001 年第 3 期。

2. 趙昱《〈春秋公羊傳注疏校勘記〉論略》,《儒家典籍與思想研究》第 7 輯,北京大學出版社,2015 年。

## 《春秋穀梁傳注疏校勘記》

1. 文廷海《清代春秋穀梁學研究》,華中師範大學歷史文獻學專業博士學位論文,指導教師：周國林,2005 年。

2. 田宗堯《〈春秋穀梁傳〉阮氏校勘記補正》,《孔孟學報》1964 年第 8 期。

3. 張文《〈春秋穀梁傳注疏校勘記〉整理本說明》,劉玉才主編《十三經注疏校勘記》（整理本）第 9 冊,北京大學出版社,2016 年。

## 《孝經注疏校勘記》

1. 陳一風《〈孝經注疏〉研究》,華中師範大學歷史文獻學專業博士學位論文,指導教師：周國林,2003 年。

2. 張學謙《〈孝經注疏校勘記〉編纂考述》,《經學文獻研究集刊》2016 年第 15 輯。

## 《論語注疏校勘記》

1. 李紹戶《翟灝〈論語考異〉與阮元〈校勘記〉》,《建設》1976 年第 1 期。

2. （日）橋本高勝《阮元〈論語注疏校勘記〉》,《京都產業大學論集》第 18 卷第 3 號,1989 年。

3. 姜勝《阮刻本〈論語注疏〉校議十五則》,《圖書館雜誌》2006 年第 2 期。

4. 李晶、劉曉明《阮刻〈論語注疏〉用字研究》,《河北北方學院學報（社會科學版）》,2010 年第 4 期。

5. 王軍蘭《〈七經孟子考文並補遺〉與〈十三經注疏校勘記〉關於〈論語〉校釋之平議》，浙江大學漢語言文字學專業碩士學位論文，指導教師：陳東輝，2014 年。

6. 張學謙《〈論語注疏校勘記〉編纂考述》，《中國經學》2017 年第 20 輯。

## 《孟子注疏校勘記》

1. 李步嘉《十三經本〈孟子疏〉舉正》，《古籍整理研究學刊》1989 年第 2 期。

2. 趙慶偉《清代孟學研究》，華中師範大學歷史文獻學博士學位論文，指導教師：周國林，2002 年。

3. 李暢然《清代〈孟子〉學史大綱》，北京大學出版社，2011 年。

4. 魏慶彬《阮刻〈孟子注疏校勘記〉》，南京師範大學古典文獻學專業碩士學位論文，指導教師：方向東，2013 年。

5. 董洪利、王耐剛《從〈孟子注疏校勘記〉看段玉裁與〈十三經注疏校勘記〉修纂之關係》，《國學學刊》2013 年第 3 期。

6. 劉瑾輝、吳秋雅《阮元〈孟子注疏校勘記〉之校勘疏失》，《中原文化研究》2014 年第 6 期。

7. 劉瑾輝、吳秋雅《〈孟子注疏校勘記〉校勘方法探析》，《現代哲學》2015 年第 3 期。

8. 劉瑾輝、吳秋雅《阮元〈孟子注疏校勘記〉之校勘成就》，《國學學刊》2015 年第 1 期。

9. 王耐剛《〈孟子注疏校勘記〉研究》，劉玉才主編《經典與校勘論叢》，北京大學出版社，2015 年。

## 《爾雅注疏校勘記》

1. 韓格平《讀阮元校〈爾雅·釋詁〉劄記》，《古籍整理研究學刊》1989 年第 6 期。

2. 盧烈紅《讀〈爾雅〉及其注疏劄記》，《長江學術》2007 年第 2 期。

3. 易卉、方鵬《清代〈爾雅〉研究特點略論》，《安徽文學》2008 年第 8 期。

4. 唐田恬《〈爾雅注疏校勘記〉整理本說明》，劉玉才主編《十三經注疏校勘記》（整理本）第 11 冊，北京大學出版社，2016 年。